普速区段主要行车岗位人员技能培训手册

车电员

成都铁路局职工教育处　编

中国铁道出版社

2011年·北京

图书在版编目(CIP)数据

车电员 / 成都铁路局职工教育处编 . —北京:中国铁道出版社,2011. 4
(普速区段主要行车岗位人员技能培训手册)
ISBN 978-7-113-12729-9

Ⅰ. ①车… Ⅱ. ①成… Ⅲ. ①旅客列车—电气设备—技术培训—教材 Ⅳ. ①U271. 038

中国版本图书馆 CIP 数据核字(2011)第 057957 号

书 名:普速区段主要行车岗位人员技能培训手册
车 电 员
作 者:成都铁路局职工教育处 编
责任编辑:孙 楠
封面设计:崔 欣
责任校对:孙 玟
责任印制:郭向伟
出版发行:中国铁道出版社
(100054,北京市宣武区右安门西街 8 号)
网 址:http://www.tdpress.com
印 刷:三河市兴达印务有限公司
版 次:2011 年 4 月第 1 版 2011 年 4 月第 1 次印刷
开 本:787 mm × 1 092 mm 1/64 印张:2. 75 字数:51 千
书 号:ISBN 978-7-113-12729-9
定 价:16. 00 元

前言

为加强主要行车岗位人员技能培训，不断提高职工岗位作业水平，适应铁路快速发展及运输安全新要求，成都铁路局职工教育处会同各业务处和相关单位，按照“必知、必会、必干”的原则组织编写了《普速区段主要行车岗位人员技能培训手册》。

本套培训手册分两批组织编写，本次为第二批，共分助理值班员、运转车长、调车区长、调车长（含驼峰）、制动员、连结员、货运员、客车检车员、车电员、发电车乘务员、客车车辆钳工、客车制动钳工、货车检车员、货车车辆钳工、货车制动钳工、红外线值班员、指导司机、机车调度员、内燃机车司机、电力机车司机、电力机车钳工、电力机车电工、驼峰信号工、车辆减速器信号工、车载设备信号工、电子电气信号工、机电信号工等27个分册，分别由胡剑、程丽亚、廖旭麟、朱静伟、钟代洪、徐安明、陈刚、王伟、卢和平、段周龄、余德林、李杰、王静玲、杨闻、范红州、胡勇、涂波、张冀周、孙刚、曾欣、童贵银、陶洪、王俊祥、周泽洪、聂建飞、石龙、徐大波、张家林、王刚、石登华、康树宏、解书全、江钟、孔勇、蒋志勇、薛洲、高明、苟江涛、王忠、张其荣、肖勇、蒋忠明、吴光能、徐远忠、罗永文、张君、刘建、张伯平、曾小勇、谭小林、谭永德等同志编审，在此深表谢意！

本套培训手册适用于相关岗位人员技术业务培训及车间、班组业务学习和职工自学，也可供专业学历教育参考。需要特别说明的是，本套培训手册仅作为职工培训学习使用，不能替代岗位作业指导书。由于编写时间仓促，不足之处在所难免，敬请广大干部职工提出宝贵意见，以便进一步修改完善。

成都铁路局职工教育处

二〇一一年一月

目　录

第二部分　部分车辆电器检修的作业程序及标准

第一部分

岗位作业规章

一、铁路客车运用维修规程〔2006〕27号

（一）运用客车出库质量标准

1. 运用客车整修及质量标准

第一条 运用客车每年应进行三次集中整修。春运前，实施春运整修；春运后至暑运前，实施春季整修；暑运后，实施秋季防寒整修。每年三次运用客车整修除执行《运用客车出库质量标准》外，还应结合各次整修的特点，进行有针对性的重点整治。具体要求如下：

（1）车辆段应成立整修领导小组，组织、安排、落实整修的各项工作。

（2）进行逐辆的分钩检查。

（3）进行逐辆电气绝缘测试。

（4）对轮对技术状态进行全面普

查鉴定。

（5）对轴温报警装置、漏电报警器、漏电检测装置的安装情况和技术状态全面检查。

（6）全面检查灭火器、烟火报警装置和消防锤等消防设施的技术状态。

（7）全数紧固Ⅰ、Ⅱ路电源，主断路器，主接触器，空调各电机，电茶炉，电热器，应急电源等关键电气部件的接线端子；通电带负载30 min以上，检测上述端子温升情况。

（8）检查电力、通信连接线、连接座和分线盒中主干线接线端子状态。

（9）春季整修时，空调客车须检测空调机组压缩机、通风机、冷凝风机的运行电流；彻底清扫空调回风和蒸发器滤尘网；彻底清扫空调蒸发器和冷凝器。

(10) 秋季整修时，应开罩检查并彻底清扫电暖器、车顶空气预热器。

(11) 运行到华东、华中、华南、西南的客车在5月1日前，其他客车在6月1日前，完成客车电扇和独立供电空调客车的安装调试工作。具体启用日期由铁路局指定。

(12) 春运和秋季整修时，应落实客车防冻的有关要求，同时须安排进行电采暖试验和独立燃煤锅炉焚火采暖试验。整修结束后，由铁路局组织有关部门进行质量验收和交接，发给防寒合格证，统一张贴在乘务室内。

2. 客车运用

(1) 列车编组

全列空调列车供电制式必须一致。

未安装客车轴温报警装置的客车，严禁编入旅客列车。

全列空调列车额定负载总和不得超过发电车额定输出功率。通过电力连接线的电流量不得大于电力连接线额定容量。

(2) 车辆摘挂

列车机车与第一辆车的连挂，由机车乘务组负责。软管、车端电气连接线的连接由客列检人员负责；无客列检作业时，由车辆乘务员负责。

列车机车与第一辆车的车钩、软管、车端电气连接线的摘解，由客列检人员负责；无客列检作业时，车钩、软管的摘解由机车乘务组负责，车端电气连接线的摘解由车辆乘务员负责。

旅客列车运行途中甩挂车辆时，车辆的摘挂、软管摘接，由调车人员负责。密封风挡及车端电气连接线的摘接由车辆乘务员负责；其他由客列检人员负责，无客列检作业时，由车辆乘务员负责。

由机车向客车供电的列车换挂机车时，由客列检人员、机车乘务员、车辆乘务员办理相关交接手续，并进行签认；无客列检作业时，由车辆乘务员与机车乘务员办理相关交接手续，并进行签认。

（3）列车加挂

全列空调列车上加挂外属客车时，只允许编挂在尾部，原则上不供电。如有特殊需要时，始发站加挂的客车可以由双方签定协议，安排供电；中途加挂的客车一律不许供电。

加挂客车的供风型式与列车编组不一致时，只允许编挂在列车尾部。双管供风车辆加挂在单管供风列车中，须改为单管供风状态。

加挂非空调客车必须是母车。

（4）列车运行

采用机车供电的旅客列车，因车辆故障造成机车跳闸或无法送电且不能修复时，必须甩车处理，尽快恢复全列车供电。

旅客列车运行途中，严禁关闭电子防滑装置、轴温报警装置和其他报警装置。

发电车供电的空调客车，须在列车始发前 1 h 开启空调设备对车厢进行预冷、预热；终到后 30 min 卸载停机。机车供电的空调客车，在列车始发前 40 min 连挂机车后须立即开启空调对车厢进行预冷、预热。

空调客车的空调温控器应设定为：冬季 18 ~ 20 ℃，夏季 24 ~ 26 ℃。当环境温度低于 18 ℃时，严禁开启空调设备制冷。当环境温度低于5 ℃时，须开启电伴热装置。列车运行中，通风机不得停用。途中因供电装置故障或长时间停留时，车辆乘务员可酌情减少用电负荷。

列车运行中，白天无特殊需要严禁使用照明装置；夜间行车23：00后关闭半夜灯（始发、到达及大量上下旅客的车站除外）；途中因发电机故障或长时间停留，车辆乘务员可酌情减少用电负荷。

列车库内停留时，除检修需要外，严禁使用空调电气设备、电风扇、电茶炉和电冰箱。

列车整备原则上应使用外接电源供电，用电时间一般不超过2 h。

3. 客车防火与防冻

（1）客车防火

配电间的门应锁闭。严禁在配电间堆放物品；配电箱、配电盘、控制箱、电采暖装置等电气装置上部及附近不得堆放或搭挂物品。

严禁用水冲刷地板、墙板及带有电伴热塞拉门乘降梯，以免造成客车绝缘不良。

运用客车严禁临时配线。确需改造的，须经车辆主管部门批准。

列车运行途中，凡发生断路器自动分闸、熔断器熔断时，应首先确认该支路无短路后，方可复位或更换。

（2）客车防冻

使用空调机组空气预热器时，须先开启通风机运行；停用时，须先关闭空气预热器，10 min 后方准关闭通风机。

冬季时，全列空调列车应保证车内温度，防止冻车。

（二）空调客车出库质量标准（部分）

1. 车电装置：

（1）灯具齐全完整，清洁无松动，灯罩无裂损、变形，车内顶灯光色一致，灯带、卡子齐全，型式统一。

（2）配电盘、接线柱各端子无松动、脱焊、烧损，各电气开关及绝缘检测装置齐全，作用良好，无烧损，熔断器容量符合规定。逆变器、充电机、隔离变压器、影视电话系统、列车信息显示系统、行车安全监控系统、电器监控系统、温水箱、厨房电器、电子镇流器、电铃、排气扇、电动水泵作用良好。

（3）车端各连接器配件齐全，作用良好，绝缘、配线长度符合规定；线头端子压接牢固，表面清洁，无烧损、松动、变形；护套无破损，相序正确；分线盒完整，盒盖关闭严密；挂盒配件齐全，作用良好；插头、插座安装牢固，开闭灵活；插针、插孔无烧损、拉毛，接触良好；密封圈、密封套防水性能良好；防雨布包扎良好。

（4）车体配线绝缘符合规定，车内配线不得外露。

（5）应急电源配件齐全、充放电及保护功能作用良好，参数符合规定。

（6）蓄电池箱无破损，悬吊装置良好，螺栓无松动，配件齐全，排水、排气通畅，作用良好。

（7）蓄电池无松动、漏液，电解液液面符合规定。接续线牢固，无硫化，导电良好；电解液密度及电压符合规定，熔断器容量符合规定，定检标记清晰。单节电压符合规定。

（8）充电器/单相逆变器箱、逆变器箱悬挂无裂纹、开焊，螺栓齐全，无锈蚀、松动；门、锁、搭扣、合页齐全，作用良好；各引线套管连接良好，外观无破损；箱体表面清洁，接地保护线作用良好；定检标记清晰。开关、熔断器及附件安装牢固，作用良好，接线紧固，无烧损松动，并在工作位。

（9）集中式轴温报警器须全列车联网使用。控制显示器、轴温数据记录仪整洁，配件齐全，安装牢固，参数设置正确，显示、调阅、记录、IC卡数据下载功能良好。轴温报警仪作用良好。传感器安装无松动，引线无破损、老化，长度符合规定，接线盒接插件配件齐全，无破损，端子接线正确。轴温报警仪整洁，配件齐全，安装牢固，轴位、温度、报警参数显示正确。轴报系统接地连接可靠；同车同侧轴温显示温差不超过5 ℃。列车编组的集中式轴温报警器系统的联网报警功能必须良好。

（10）电子防滑器各部配件齐全，安装牢固；各线头无松脱，试验检查作用良好，状态显示正常，并在出库前清除历史故障。

（11）电子防滑器与电气综合控制柜的PLC、行车安全监测装置的车厢级主机通信正确、可靠；电气综合控制柜触摸屏上防滑器的信息显示应为正常信息代码“88”；与塞拉门连锁信号（<5 km/h）作用良好。

2. 空调装置：

（1）各部配件齐全、作用良好、安装牢固；压缩机、通风机、冷凝风机运转正常无异声；系统及管件、阀件、储液筒、轴封等无泄漏；机体无漏水、漏风；换热器翅片无变形、脏堵；过滤网、散热流器无积尘；高低压控制器、温度保护器等参数设置统一，符合规定。

（2）机组空气电加热器安装牢固，无烧损；客室电加热器配件齐全，无缺损、松动；外罩无变形，引线无外露，接地良好。

3. 电气控制装置：

（1）控制柜及电源柜屏面整洁，各仪表显示正确，定检标志符合规定，各开关、按钮操作灵活、定位正确、接触良好，指示灯及标志牌齐全、显示正确。

（2）柜内元器件齐全，安装牢固、排列整齐、清洁、作用良好，各熔断器、热继电器、接触器、空气断路器等容量符合规定；延时器、温度控制器、欠压继电器、过流继电器、超速继电器等设定符合规定，作用可靠。接线排、走线槽及盖、防护罩无缺损，门锁作用良好、关闭严密。

（3）配线无破损、老化、断路、短路、混线，压接紧固可靠，安装可靠、无松动、无热损，排列整齐，包扎良好，标志清晰。接地线齐全可靠，配线绝缘符合规定。

（4）电气综合控制柜各熔断器、热继电器、过流继电器、接触器、断路器、二极管、压敏电阻、隔离开关、电源模块等器件的规格、型号符合规定，且接触良好、触头无烧损；热继电器设定值符合规定、作用可靠。各传感器、PLC、触摸屏、在线绝缘检测装置的设定值符合规定、作用可靠。通电检查电气综合控制柜动作及指示准确、有效，各项功能符合要求。各功能单元工作电流正常，作用良好，漏电电流不超过设定值。充电器输出电压为DC（120±1）V。逆变器输出电压、频率为3AC 380×（1±5%）V、（50±1）Hz。充电器、逆变器与电气综合控制柜通信正常，触摸屏上显示应为正常信息代码“00”；电气综合控制柜的车下电源箱指示灯显示为绿色。

4. 交流绝缘漏电检测装置、直流漏电检测装置、烟火报警装置必须状态良好。

5. 轴箱回流装置作用良好，车体与转向架构架、轴箱的接地线齐全，电气连接可靠。

6. 车厢级电气设备监控网络：

（1）网关、代理节点及连接件配件齐全、外观良好无破损，端子及接线正确、牢固。

（2）通电检查，网关、代理节点电源指示灯有效，“LSV”指示灯不亮，安全记录仪指示灯闪亮。电气综合控制柜触摸屏显示本车电气设备信息正常，车厢顺位号与实际编组一致。

7. 列车及电气设备监控网络：

（1）网关、无线数据传输装置、触摸屏、CF 卡、电源模块、开关连接件配件齐全、外观良好、无破损，端子及接线正确、牢固。车内、外天线作用良好，无屏蔽。电源开关处于工作位。

（2）网关、代理节点电源指示灯有效，“LSV”指示灯不亮。主控站或电气综合控制柜触摸屏显示各车电气设备信息正常，数据下载功能正常。

8. 行车安全监测装置：

（1）车厢级主机、列车级主机外观整洁，配件齐全。接线正确牢固，导线无破损老化。

（2）接通电源，列车级主机显示

屏应自动进入主页面，显示的列车编组数，车厢顺位号应与实际编组一致，防滑器、制动、转向架的“报警/故障”报告内容不得出现黄色标志。

（3）行车安全监测装置列车级主机与电气设备监控系统主机通信正确、可靠。

9. 烟火报警器：

（1）控制装置配件齐全、安装牢固、配线整齐、无热损，接触可靠，声光报警功能良好。

（2）电源开关处于工作位，面板显示正常。

（3）与电气综合控制柜中的 PLC 通信正常，在电气综合控制柜触摸屏上无“故障”信息显示。

（三）客车辅修质量标准

电子防滑器：各部配件齐全，安装牢固，各处接线紧固。主机内部及接线排处清洁，接插件插接牢固。速度传感器与齿轮顶径向间隙须符合表1－1规定。

表1－1　速度传感器与齿轮顶径向间隙表

厂家	型号	间隙（mm）
铁科院	TFX1	1.0±0.2
KNORR	MGS2	0.9±0.5
SAB WABCO	SWKP AS 20C	1.5±0.5

压力开关动作值须符合表1－2规定。

表1－2　压力开关动作值表

<table>
<tr><th>厂家</th><th>型号</th><th colspan="2">压力开关动作值</th></tr>
<tr><td rowspan="2">铁科</td><td rowspan="2">TFX1</td><td>>200 kPa</td><td>通</td></tr>
<tr><td><200 kPa</td><td>断</td></tr>
<tr><td rowspan="2">KNORR</td><td rowspan="2">MGS2</td><td>>187 kPa</td><td>通</td></tr>
<tr><td><187 kPa</td><td>断</td></tr>
<tr><td rowspan="2">SAB WABCO</td><td rowspan="2">SWKP AS 20C</td><td>>180 kPa</td><td>通</td></tr>
<tr><td><130 kPa</td><td>断</td></tr>
</table>

（四）A1 级修程检修内容（部分）

1. 空调电器部分实行状态修，内容包括：电子防滑器、旅客信息系统、轴温报警器、照明、插座、开关、应急电源、控制柜、电茶炉、空调系统、排气扇、废排风机、新风机、餐车冰箱、液位显示装置、呼唤器、电伴热装置、电热器、各连接器及座、分线盒（室）、播音天线、温水箱、电池箱、DC 600 V/AC 380 V 车电装置、车体配线。

2. 试验：电子防滑器静态试验，各部检修后，按要求进行相关试验，进行电力主干线及直流配线的绝缘测试。

3. 检修要求：

（1）电子防滑器：

①速度传感器与齿轮顶径向间隙须符合速度传感器与齿轮顶径向间隙表

规定。

②单车静止试验须无故障显示。

③压力开关动作值须符合压力开关动作值表规定。

④车下线管、接线盒须完整，断裂或严重腐蚀时更换新品。

（2）旅客信息系统：

①GPS 天线安装牢固，作用良好。

②液晶显示器显示正常，主机内外各部清洁，配件齐全，接线紧固，接插件插接良好，各部无烧损；自检良好，显示内容正确，开关电源输出电压正常，T4、T5 总线输出正常。

③显示屏安装牢固，自检良好，能准确显示自检信息、车厢号、厕显信息无混乱、缺划。

④顺号调节器指示灯显示正常，车厢号调节功能正常，显示屏通信功能须

正常。

⑤厕显开关配件齐全，安装牢固，作用良好。

（3）轴温报警器：

①报警仪、记录仪：

a. 内外部清洁，机壳无变形，配件齐全，安装牢固；开关、键盘锁、按键作用良好，盘面上各种标志清晰。

b. 各部无脱焊、虚焊、烧损，熔断器容量符合要求，接插件连接良好。

c. 轴温显示正常，同侧误差 <5 ℃，功能良好。

d. 报警仪车厢顺位号、记录仪时钟、记录时间间隔设置正确。

②温度传感器安装牢固，无磨碰，外观良好，轴位准确。

③下部线管、接线盒、线排配件齐全，安装牢固，无破损；各部配线良

好，接线牢固。

（4）控制柜（箱）内外清洁，配件齐全，安装牢固，作用良好。

①配线线号清晰、排列整齐；绝缘层良好，无老化、烧损，引线口有护套；接地线齐全可靠。线槽完整，各部接线牢固。

②指示标牌、图纸清晰、齐全、正确。

③各继电器、接触器、空气开关、漏电保护器接触良好，无缺相，触点无烧损、无粘连。继电器、接触器吸合动作无卡阻、无异音。

④各控制、保护继电器、空调温控器等整定值正确，各熔断器容量符合规定。

⑤各转换开关、按钮、指示灯不良者更换。

⑥控制柜（箱）保护接地线状态良好。

⑦各仪表校验不过期。

⑧控制柜（箱）在额定电压下进行通电试验，作用须正常，电器动作准确、可靠，仪表、指示灯显示准确；各元件及端子温升正常；各项功能符合要求。

⑨各电器件更新时，须符合标准。

（5）车体配线、各连接器及座：

①各连接器及座配件齐全，各部无损坏，运动件动作灵活，外观检查端子和绝缘板无烧损；密封胶圈无老化，密封、防水作用良好。

②连接器座后部检查盖须加胶垫，安装须严密。

③在各连接器座处测试各主干线绝缘（使用500 V级兆欧表），须符合客

车车电装置检修规程（铁辆〔1992〕85号）规定的各种配线绝缘测试值要求。

(6) 各接地线连接状态良好，接地电阻不大于4 MΩ。

(7) 播音天线安装牢固，作用良好。

(8) DC 600 V/AC 380 V客车有关车电装置

①DC 600 V/AC 380 V—DC 110 V电源装置内外部清洁，通风顺畅；通风机工作正常，无异音；各接插件接触可靠，各接线端子紧固，无松动，无氧化、烧损痕迹；直流变换器损坏时换件；各熔断器容量符合标准；通电检查，工作时输出电压为DC 115 V，充电电流为（25 ± 1）A；控制面板上的各指示灯指示准确，内部接触器等开关

元件的闭合、分断可靠；当电池电压低于93.6 V时，欠压电路控制作用良好。

②客车逆变电源主机箱吊架无裂纹，清除锈垢，箱体无腐蚀破损；散热器及逆变主机箱、车上控制箱各部清洁；箱内各功率开关件、电阻、接线端子外观良好，无变色烧损；开关件无开裂；各熔断器容量符合标准；车下主机箱门密封胶条平滑完整，密封性能良好。门安装螺栓齐全紧固。

③TGN3型和TGN3A型客车逆变电源装置按以下要求进行负载工况试验：

a. 试验时接入DC 600 V电源，短接电源控制柜41号、198号线，接通DC 600 V电源，开启逆变电源。

b. 轻载试验：置空调控制柜工况于通风位，逆变电源能正常启机，通风机启动运行，逆变电源输出对称三相电压。

c. 额定负载试验：置空调控制柜工况于全冷（暖）位，逆变电源能正常启机，空调机组启动运行，逆变电源输出对称三相电压，电流值正常。

④逆变电源工作时，各状态指示灯指示正确。

⑤车上逆变电源控制箱控制板、车下逆变电源模块和控制板损坏时换件。

4. 试验要求：

(1) 进行104型、F8型电空制动机单车试验，须符合《客车制动机单车试验方法》中附件9要求。

(2) 手制动机试验：手制动机制动时，与之相连的闸片须抱紧制动盘；手制动机缓解时，与之相连的闸片须离开制动盘和闸片无压力。

（3）电子防滑器进行静态测试。

（4）空调、电器：

①各部检修后按要求进行相关试验，未说明的试验方法及要求参照产品说明书进行。

②测试电力主干线绝缘、直流电源带负载测试正负线对地绝缘须符合规定。

二、客车车电装置检修规程（铁辆〔1992〕85号）

部分车电固定设备的中（段）修

配线、分线盒及播音天线检修需符合下列要求：

1. 配线

（1）检查各部配线，绝缘层须无老化、烧焦、局部硬伤处须包扎良好，影响安全使用者更换。

（2）自墙板或车顶灯座引出线的支线截换时须留有 150 mm 以上的余量。

（3）各线头及铜扁端子锡层脱落或焊接不良者重焊，线端须绑扎或加套管，各接线柱及线端连接紧固。

（4）凡配线截换时，各接头须焊接。

2. 悬吊装置

（1）吊架须无裂纹、开焊、变形、吊销须探伤。

（2）手轮、调整弹簧、丝杠、杠杆等清除锈垢并给油。破损、裂纹或影响使用时修换。组装后须作用灵活。

（3）J 型发电机吊销应用一端为凸肩另一端为扁孔的结构，吊销直径为（32 ± 0.1）mm。销表面硬度为 HRC38 ~50。

（4）吊销孔磨耗过限时镶内表面

硬度为 HRC38 ~ 50 的衬套，套壁厚不超过 5 mm。

3. 传动装置

（1）RC4 型、RD4 型轴端传动装置的顶套与轴承挡圈及皮带轮接触须紧密。不装皮带轮时，轴端应换装保护套并顶紧顶套。密封圈作用须良好，轴端压盖及组装螺栓不得松动，防松件齐全良好。退卸套须给油。

（2）皮带轮组装前须在组合面涂变压器油，装置后不得有圆周方向移动。

（3）皮带轮裂损或因磨耗至使新皮带与槽底面间隙小于 3 mm 时更换。

4. 蓄电池箱及吊架，其他电器吊架

蓄电池箱及吊架检修须符合下列要求：

（1）蓄电池箱须清扫，箱内绝缘

垫应完整并保持绝缘良好，垫木应涂沥青油。底部须有 2～4 mm 厚的沥青，裂损脱落者补浇（带有蓄电池托盘者只涂刷沥青耐酸漆）。

（2）引入线应分解检查，引入处应涂打 80 mm×80 mm 的“+”（红）、“-”（白）标记。

（3）箱体及吊架应清除锈垢，钢制箱板腐蚀破损时用原规格铁板挖补或截换，并涂刷防锈底及面漆。

（4）折页、开关须作用灵活，通风器排水孔良好、畅通。各部螺栓无松动、配件齐全。定检牌框尺寸应标准。蓄电池箱与车体有绝缘垫者，应进行检测，绝缘组织不小于 0. 5 MΩ。

（5）蓄电池箱最下部与轨面距离不得小于 100 mm。

车电装置检修后试验须符合下列

要求：

车电装置检修后，同一部位同种配件的形式及颜色须一致。

（1）点灯试验：各部作用良好（灯具不露光），接线正确，日光灯启动正常，无明显灯光闪烁。

（2）绝缘试验：500 V 级绝缘电阻计测量正负两线间及各与车体间的绝缘电阻值应符合表 1－3 规定。

表 1－3　绝缘电阻值

电线别		相对湿度			
		60%以下	61%～70%	71%～80%	80%以上
电力配线（24 V/48 V）		0.2 MΩ	0.12 MΩ	0.08 MΩ	0.02 MΩ 0.048 MΩ
播音配线		1 MΩ	0.7 MΩ	0.3 MΩ	0.1 MΩ
交流配线	100 V 以下	1 MΩ	0.75 MΩ	0.25 MΩ	0.1 MΩ
	100 V 以上	2 MΩ	1.5 MΩ	0.75 MΩ	0.25 MΩ

三、25型客车检修规程、双层客车段修规程（铁辆〔1996〕10号）

（一）车电装置（部分）

1. 配线检修须符合下列要求：

（1）检查各部配线、绝缘层须无老化、烧焦，局部硬伤处须包扎良好，影响安全使用者更换。

（2）更换的各部配线规定：主干线支线及电力连接线需用原形截面积的氯璜化线。

（3）车上干线过梁部分及水箱附近的配线须导胶管。破损者更换。

（4）各线头及铜扁端子锡层脱落或焊接（冷压）不良者重焊（压），线端须加套管并有线号标记，各接线柱及线端连接须牢固。

（5）各接地线须进行检查，要求

连接状态良好，接地电阻不大于4 Ω。

（6）各配线均须按要求进行绝缘检查，配线管内主干线不准截换，不允许有接头，各支线部分允许截换，但必须焊接牢固。

2. 播音天线、集控线应按下列要求检修：

（1）播音天线、集控线须进行清扫、检修，组装时应拉紧。

（2）集控线进行外观检查，原形检修配件齐全。

3. 分线盒检修须符合下列要求：

（1）分线盒内各配线须拆下线头端子逐条检查，配线老化变质时更换。

（2）分线盒内接线柱螺栓须紧固，螺母、垫圈须用铜制品。

（3）分线盒接地线有热损者更换。

（4）分线盒接线板炭化、裂损更

换新品，绝缘值不得低于2 MΩ。

(5) 分线盒内各接线柱须加线号标记。

(6) 各线盒腐蚀者修理或更换，盒盖安装应严密。

4. 控制柜检修须符合下列要求：

(1) 控制柜须进行清扫检修。

(2) 控制柜内控制线路、电器元件有热损、老化现象者更换。

(3) 控制柜内各电器元件须安装牢固整齐，控制线路排列整齐（有线槽者除外）。

(4) 各接线端子无松动、脱落现象，线端须有线号标记，并应清晰正确，导线须无折损老化烧焦现象。

(5) 继电器、接触器动作及接触须良好，触点无烧痕，开关及其他电器元件作用应良好，不良者更换。空气开关、继电器整定值须检测符合设计标准。

（6）控制柜的电压表、电流表须有计量单位进行检测并贴上计量标记。

（7）控制柜内接线端子的防护装置松动者需加固。

（8）控制柜门、锁、插销须检修，门翘曲变形者须调修。

（9）控制柜检修后须测定其绝缘电阻，各线间、线与箱体之间阻值不小于2 MΩ（各电子元件断开后测绝缘）。

（10）控制柜检修后须在额定电压下进行动作和性能试验，作用应正常。

（11）控制柜箱体须加保护接地线，且状态良好。

5. 灯具检修须符合下列要求：

（1）各灯具须分解检修，清扫干净。

(2) 灯口须分解擦光或抛光，磁芯、荧光灯座及簧片须完整，接触导电须良好。灯座安装牢固，裂损者更换阻燃灯座。

(3) 各插座、插头、接线柱须拆下清扫检查，检修后作用正常，性能良好。

(4) 电镀灯具及反光板电镀层脱落锈蚀者须重新电镀，铝制灯具可涂刷铝粉漆。

(5) 有机玻璃灯罩破损、变形者更换。

(6) 灯带卡作用不良者须修复，损坏者更换，安装后须卡紧、牢固。

(7) 灯带组装须严密，不允许有漏光现象。灯带装车后反光板须有保护接地线，且状态良好。支线出线口处须有橡胶防护套。

（8）灯具检修后须进行点灯试验。

6. 餐车厨房电冰箱的检修须符合下列要求：

（1）施修前进行动态检测。

（2）箱体的检修按要求执行。

（3）机组箱检修后须符合下列要求：

①各零部件安装牢固，各部件作用良好。

②箱体外壳锈蚀穿孔或破损时修补，箱体检修后除锈，涂刷防锈底漆和面漆。网罩断裂、破损时更换。

③储液筒内、外清洗和除锈垢，油漆脱落者涂防锈底漆和面漆。

④过滤器进行清洗，过滤网完好且须经干燥处理，损坏、失效者更换。

（4）电机检修须符合下列要求：

①电机进行分解清扫检修，外壳面

漆剥落时进行除锈并涂刷面漆。

②分解电机，检查轴承及油脂，不良者以原形更换。

③在额定电压下进行空载和负载试验，空载转速和电流应为额定值。

④在 40 ℃及以下运转 1 h，转子轴承温度不超过 60 ℃，绕组温升不超过 65 ℃。

⑤冷凝器风扇叶须校正。

（5）控制箱检修按下列要求进行：

①分解清扫、擦拭。

②金属外壳锈蚀穿孔、破损时修补。

③控制箱应进行分解检修，检修后作用良好。端子无开焊、松动。继电器的接点应擦光，并调整触点距离。温度表须作用正常。

④压力温度表误差不大于 ±2 ℃，

自动衡温控制器误差不大于 ±1 ℃，电流表、电压表误差不大于 3%，以上仪表须经计量单位检测合格并贴上检测合格证方可使用。

（6）热交换器检修按下列要求进行：

①热交换器须清洗洁净。

②冷凝器、蒸发器及管路漏泄时焊修。

③盘管安装牢固，搁板齐全完整，托铁不松动。

④翘片变形影响有效换热面积时进行检修。

⑤热交换器按有关规定压力进行试压，不得泄漏。

（7）压缩机检修须符合下列要求：

①缸径磨耗 2F4.8 A 型超过 48.25 mm（2F5.0 型超过 50.25 mm）或出孔严重拉伤

时，更换缸体或压缩机。轻微“拉毛”时检修，检修后缸径不得超过 48.25 (50.25) mm。

②活塞最大磨损 0.6 mm 以下时进行检修，活塞最大磨损达 0.6 mm 及以上时更换。

③活塞与连杆小头装配后，应能自动转动，其间隙要求在 0.01 ~ 0.06 mm 之间。

④曲柄主轴颈及曲柄销的圆度圆柱度不大于 0.04 mm。

⑤轴封摩擦环及橡胶、阀片、活塞环、活塞销及卡簧，连杆小头衬套、轴瓦、轴封弹簧、轴承、密封纸箔垫片作用不良者更换。

⑥压缩机检修后应运行正常，不得漏泄，不得渗油。

（8）电冰箱各铜管连接处之喇叭

口作用不良时重新铆制。各零部件安装牢固，标记明显。车下机组箱安装位置尺寸符合机车车辆限界要求。

(9) 电冰箱配线须符合《客车车电装置检修规程》规定的绝缘试验要求（不包括机组箱和控制箱）。

(10) 现车安装的各连接铜管内壁，安装前进行清洗、吹出杂质、铜屑和干燥处理。连接管断面弯曲变形长轴最大不超过原管直径的1/4，内侧不准有皱折。检查干燥器内硅胶，变色时更换。

(11) 整机安装后制冷系统进行以下试验：

①利用本机抽空，真空度达 73 kPa 以上，连续 3 min 排气阀旁通孔须无气泡。

②充氟利昂时须经过装有无水氯化

钙的过滤器，并按规定数量充入（2F4.8 A 机组：2.5～3 kg；2F5.0 机组；3～3.5 kg）。

③各部运转须正常，不得出现冰堵、油堵、脏堵现象，各部件作用良好并检查是否制冷。在常温下开机 1 h，冰箱内部温度须在 -5 ℃以下。

④运转试验后，检查各管路连接处及各阀、轴封等处，不得漏泄。

⑤外温低于 5 ℃时，试验自动控制可在箱体内加热升温。

⑥外露的氟利昂出液管，回气管外部须包扎软质泡沫塑料或乳胶海棉隔热材，隔热材外部再包白布带和塑料薄膜各一层，并用直径 0.5 mm 铁丝缠紧。包扎总厚度不小于 10 mm。

7. 轴温报警器的检修须符合下列要求：

（1）传感器部分按下列条件检修：

①传感器洗刷后检修，安装螺纹和背帽螺纹须良好，密封橡胶或胶口无裂损，防折套无变形，引出电缆线无裂损，根部无折断迹象，发现不良处修换。检查完好后浸入水中16 h，测试绝缘应不小于1 MΩ 并做恒温静测试，在零度时的电压值为（1 235 ±4. 36）V。

②传感器检修后，须涂刷黑色磁漆（螺纹部分不涂）。

③仪器检修时开盖清扫和擦拭。各组装板及机壳、盘面各按钮及开关不良时修换。盘面上各标志不清者按原色重涂。机壳油漆脱落者补涂原色油漆。引出线老化、烧损者更换，更换新线长度为1 m。

（2）仪器传感器进行模拟试验。

①输入直流电流与额定值之差为±5 mA，变换器三极管温升不高于

20 K，电容器应检测容量符合标定值，各整流电路的直流电压应符合设计要求。

②各传感器的分路电流一致，转换系统的循环时间、轴位和轴温的显示均应正常，声、光报警的作用须良好，接触不良的接插件须更换。有烧损的元器件和配线须更换。

（3）仪器及传感器修竣后，施行综合技术检测。

①有源型传感器的恒流电路中各回路电流差须不大于 ±3%，在 40～60 V 电压范围内，采用 4 个温度点（即 +20 ℃，+40 ℃，+60 ℃，+90 ℃）检测传感器非线性各误差不大于 ±2.5 ℃。报警温度：定点（90 ±3)℃，跟踪报警外温加（40 ±2)℃，轴位循环须均匀，循环一周（30 ±5） s。恒温母表采用

1.0 级。

②检测同时须填写试验记录，修竣后涂打检修标记并填写技术履历簿。

(4) 轴温报警器配线、分线盒、接线排按下列条件检修：

轴温报警器配线无老化变质，并进行绝缘检查，管内配线不准截换，更换配线规格应符合要求。各分线盒、接线排应清扫干净，外观检查无破损。各配线须拆下线头端子逐条检查，线端连接须牢固，各部配件齐全、良好。

(二) 空调装置

1. 空调装置检修按《空调客车三机检修及运用管理规程》中“单元式空调机组及控制柜”中修要求施修。

2. 空调机组须落地检修，机组与

车体连接处的防水防风密封胶条不良者更换。

3. 托水盘、排水道应无变形、破损、排水畅通。

4. 空调装置检修装车后进行通电试验，通风、制冷、制热三种工况在手动和自动位均应正常工作。

四、客车空调三机检修及运用管理规程（铁辆〔1992〕85号）

（一）单元式空调机组及控制柜的小修

1. 单元式空调机组

（1）清洗或清扫单元机组各部，要求压缩机、气液分离器、干燥过滤器外部清洁，无局部锈蚀，除锈补原色油漆；冷凝器、蒸发器清洁干净，翅片无变形；其他各部清洁无积存、油垢。

(2) 检查压缩机接线端子无烧损、松动、虚焊或脱焊，压缩机防振胶垫无裂损、老化、机座螺栓紧固。

(3) 检查风机壳体无腐蚀变形、扇叶无变形脱焊，接线端子无烧损、松动、虚焊和脱焊、机座螺栓无松动，运转无异常，转动灵活。

(4) 空气预热器和电加热器安装牢固，电热管无破损，引线无焦化、老化，过热保护元件良好。

(5) 各用电器绝缘达到要求。

(6) 检查制冷系统各部无泄漏，各防振防水物质完好无缺欠。

(7) 机组各配线良好，连线插头良好，各芯无松动，高低压继电器整定值符合规定。

(8) 压力继电器、电磁阀安装牢固，动作无误。

2. 控制柜

（1）对控制柜内外部进行清扫，要求配件齐全，作用良好，清洁干净，门锁、合叶加油作用良好。

（2）面板脱漆者涂刷近似原色油漆。

（3）接触器、继电器、时间继电器和热继电器作用良好，触头无烧损，接触良好，整定值符合要求，无误动作。

（4）温控器配件齐全良好，刻度盘清晰、温度整定值动作无误。

（5）过流保护安装良好，动作无误。

（6）各接点、线良好。

（7）绝缘良好，阻值符合规定。

3. 通风系统

（1）各出风口、回风口、排风口

清扫干净；各滤尘网清洗干净，无堵塞、腐烂、破损，并应安装牢固。

（2）百叶窗无尘污、锈蚀、调节处应加油，调节灵活。

（3）软风道无腐烂、不漏风、漏水。

4. 检修完后运转试验

（1）各部作用良好，无异常现象。

（2）控制柜通电带负载试验各部良好。无过热、电磁噪声及蜂鸣等现象。

（3）通电试验运转良好，无异音、异振，制冷良好。外温在22 ℃以上时，机组运转30 min，外温与出风口温差不小于10 ℃。

（二）单元式空调机组及控制柜的中修

1. 单元式空调机组：

（1）机组须进行预检确认机组状态。

（2）各部按照小修范围进行检查检修。每第二个中修时，机组须落地检修，并更换不良软风道及防风防水胶条。

（3）单元机组壳体检修须符合下列要求：

①金属壳裂损时允许焊修。

②壳体上各隔热材、密封条无缺欠、破损、老化，性能良好。

③各零部件按照牢固，管路或零部件间无摩擦或碰击。

④压缩机、气液分离器、干燥过滤器涂刷原色油漆；接线端子需打磨，可调式压力保护装置应拆下检修校验，压缩机电机绝缘阻值应≥5 MΩ。

⑤各风机及电机分解检修。

a. 各电机检修按《车电装置检修规程》中电机中修要求进行检修。

b. 离心风机罩腐蚀破损者更换，密封胶条更换新品，风机叶片良好。

c. 机座按照紧固，无裂损，防振胶垫老化、裂损者更换。

d. 轴承清洗，须无剥离、裂损、高温灼伤，运转应无异音、异常振动，更换新油脂。

⑥电加热管外观完整，绝缘瓷管完好，支架无锈蚀，绝缘阻值 $>20\ M\Omega$。

⑦蒸发器、冷凝器翅片变形者矫形，片距保持均匀。

⑧各管路及接头无漏泄。各防振防水物质完好无缺欠。

⑨各配线无老化、破损、排列整齐，线号清晰、绝缘良好。

⑩高低压继电器检查作用良好。

⑪检修组装完后，通电运转试验，机组各部运转正常，无异响、异振，机组工作电流应在规定范围内。

2. 控制柜：

（1）箱体清洁，各部配件齐全，作用良好，安装牢固，面板脱漆者应除锈，并涂刷近似原色油漆。

（2）时间继电器、热继电器、空气开关和仪表检修、校验须符合要求，仪表应贴有校验标记。

（3）各继电器、接触器动作良好，各触点须无烧损，接触良好，不良者更换。

（4）接线板、线槽破损、变形者更换，熔断器瓷座破损时更换新品。

（5）温度控制器检查，不符合要求者更换新品。

（6）各电气元件配线无烧损、老

化、变质，作用不良时更换。

（7）导线排列整齐，各端子配件齐全，无松动，安装牢固，线号清晰，并与原图纸线号一致。

（8）检修后应恢复其技术性能。

（9）配电柜安装牢固，接地保护线安装良好。柜内原理图、布线图齐全、清晰、粘（或铆）接牢固。

3. 通风系统：

（1）按小修范围进行检修。

（2）风道吹灰除尘。

（3）出风口调节适度。

4. 检修完后空调机组须试运转，要求安装牢固，无漏风，漏水，各部作用良好。

5. 外温 22 ℃以上时，运转 30 min 之内，外温与出风口温差不小于 7 ℃；客室内温差卧车各间最大不超过 2 ℃，座车客室两端不超过3 ℃，双客上下层不超过4 ℃。

复习思考题

1. 客车空调三机的小修、中修、大修分别属于什么性质的修理？其要求是什么？

2. 客车A1级、A2级、A3级各级检修分别属于什么性质的检修？其要求是什么？

3. 客车为什么要有质量标准？运用客车又有哪几个质量标准？

第二部分

部分车辆电器检修的作业程序及标准

一、车电装置

（一）车体配线、分线盒、播音天线

作业程序

1. 检修车体配线：

（1）预检

①准备电工常用工具；

②断开负载和用电器；

③按检修工艺和规程的要求，检测各部配件及配线绝缘值。

2. 检修车下配线装置：

（1）检查检修车下各部配线、接线端子、线标；

（2）拨开各部接插件检查检修；

（3）检查检修车接线排装置；

（4）检查各部线套管；

（5）检查各部接地线。

3. 检修分线盒装置：

（1）用毛刷和干棉纱清洁分线盒内各部；

（2）拆下分线盒内各配线线头端子逐条检查；

（3）检查接线及接线柱、绝缘板；

（4）检查完毕后组装配线线头端子；

（5）检查分线盒（室）体，盒盖（门）、折页、搭扣、锁、插销。

4. 检修播音天线：

（1）清扫检查检修播音天线装置；

（2）播音天线清洁无老化，不良者更换新品；

（3）播音天线安装牢固，作用良好。

5. 检修车上配线：

（1）打开相应的各检查顶盖，清

扫检查各处可见配线、连接线架、接线排装置、接插件；

(2) 检查各处引出线；

(3) 检查各处可见线套管。

6. 检修轴温报警器的配线装置：

架车后拆下台车上各轴温报警器的配线、线管、线盒逐一进行检查检修，分解检修线盒内的轴报芯，检查检修控制室内接线及接线端子

各部检修完毕后装车（组装台车时进行）。

7. 检修完毕后，断开电子元件和用电器回路，按标准测试各配线的线间、对地绝缘值。

技术要求（标准）

1. 检查各部配件及配线绝缘值后，作好相应的预检记录。

2. 检修车下配线装置：

（1）各部配线绝缘层须无老化、烧焦，局部硬伤或烧损处须包扎良好，影响安全使用者更换。配线的线号清晰，排列整齐。

（2）更换的各部配线主干线及支线须用原形截面积的氯磺化线。配线管内主干线不准截换，不允许有接头，各支线部分允许有截换，但必须焊接牢固。

（3）各接线排装置清洁安装牢固，无缺件损坏、烧损，线盖板齐全，作用良好，接线端子紧固，无松动、脱落现象。

（4）各接线连接端子牢固，线端须加热缩套管并做到线号正确清晰，各接线柱及线端子连接须牢固。各线头及铜扁端子锡层脱落或焊接（冷压）不良者重焊（冷压）。

注：冷压更换或处理后表面平整，连接可靠，符合 TB/T 1507《机车电器设备布线规则》中电缆与接头的连接标准。

电缆与接头的连接见表 2－1。

表 2－1　电缆与接头连接

压接尺寸（mm）	线芯截面积（mm^2）	
	10～95	120～150
B	<2	<3
C	>15	>20

(5) 配线管腐蚀破、损者更换新品，线管卡不得松动，管卡座须牢固，不良者焊修，各管箍不得松动。

(6) 接地线标志清晰明显，无破损老化。

(7) 各接地线连接状态良好，接地电阻不大于 4 Ω。

3. 检修车上配线：

（1）各部配线绝缘层须无老化、烧焦，局部硬伤或烧损处须包扎良好，影响安全使用者更换。配线的线号清晰，排列整齐。各接线排装置清洁安装牢固，无缺件损坏、烧损，线盖板齐全，作用良好，接线端子紧固，无松动、脱落现象。各接线连接端子牢固，线端须加热缩套管并做到线号正确清晰，各接线柱及线端子连接须牢固。接插件接插作用良好。配线管内主干线不允许截换，支线允许截换（同名支线截换不得超过一处），各接头应焊接牢固并包扎良好。

（2）自墙板或顶灯座引出线的支线截换时应留有适量（150 mm 以上）的余量。

（3）配线管腐蚀破、损者更换新

品，车上干线过梁部分及水箱附近的配线须套胶管。

4. 各配线绝缘值符合表2－2要求（注：电压在48 V以下可选用100 V级兆欧表）。

表2－2　各配线绝缘值

<table>
<tr><th colspan="2" rowspan="2">电线别</th><th colspan="4">相对湿度</th></tr>
<tr><th>60%以下</th><th>61%～70%</th><th>71%～80%</th><th>80%以上</th></tr>
<tr><td colspan="2">电力配线(24 V/48 V)</td><td>0.2 MΩ</td><td>0.12 MΩ</td><td>0.08 MΩ</td><td>0.02 MΩ
0.048 MΩ</td></tr>
<tr><td colspan="2">播音配线</td><td>1 MΩ</td><td>0.7 MΩ</td><td>0.3 MΩ</td><td>0.1 MΩ</td></tr>
<tr><td rowspan="2">交流配线</td><td>100 V以下</td><td>1 MΩ</td><td>0.75 MΩ</td><td>0.25 MΩ</td><td>0.1 MΩ</td></tr>
<tr><td>100 V以上</td><td>2 MΩ</td><td>1.5 MΩ</td><td>0.75 MΩ</td><td>0.25 MΩ</td></tr>
</table>

二、电器控制柜的检修

（一）电源转换控制柜的检修

作业程序

1. 元件检修

（1）紧固各开关、接触器、继电器、互感器等电器元件。

（2）各继电器、接触器接触良好，无缺相，触点无烧损、无粘连。继电器、接触器吸合动作无卡阻、无异音。

（3）检查熔断器及其安装座。

2. 检查检修漏电报警器

（1）清洁漏电报警器；

（2）检查漏电报警器各接线和配件；

（3）通电检查试验漏电报警器显示；

（4）模拟正负极配线漏电，进行漏电报警器动作试验；

（5）通电检查工作可放在工序“通电试验”时进行。

3. 通电试验

电源柜通电试验，扳动选择开关。

技术要求（标准）

1. 元件检修

（1）安装牢固不松动；

（2）各元件齐全，无破损、烧损；

（3）熔断器容量符合规定，安装座接线牢固、无裂损；

（4）各仪表、空气开关拆卸送检，经检定合格后装车。

2. 检查检修漏电报警器

（1）漏电报警器各部清洁；

（2）漏电报警器的配线线号清晰，排列整齐，绝缘层良好无折损老化现象，引线口有护套，配线为阻燃线；

（3）漏电报警器接线紧固，无松动、脱落现象，各元气件无破损，熔断器容量符合规定；

（4）检查比流器，安装牢固，接

线良好，穿过比流器的U、V、W、N、PE方向要一致；

(5) 通电检查试验，比流器输出交流电压（SIN1、SIN2）应大于0.08 V，接线端子上的ABS和GND两点间直流电压应为（2.6 ± 1）V，否则更换新装置；

(6) 检测试验用的按钮、电阻分别为：按钮AN1（型号：L A39J－11B/r），电阻R1（型号：RXG6 5 kΩ/15 kW），各部接线良好；

(7) 通电检查试验漏电报警器显示正常，各指示灯亮度一致，指示正常；

(8) 漏电报警器能正常报警，声光指示正确。

3. 通电试验

(1) 接触器吸合，无异音、异振，

Ⅰ、Ⅱ路供电指示灯显示正确无误，电流电压表作用良好；三相电压指示正常，按钮开关灵活可靠；柜内无异常。各电器元件动作可靠，各功能良好。

（2）在额定电压下进行动作和性能试验，作用应良好。各接线端子温度不得高于环温 35 ℃或实测温度不得高于 80 ℃；同一电器三相接线处温度差不得高于 15 ℃；同一接线排各通电接头温度差不得高于 20 ℃。发现问题应及时处理并作好相应记录。

（二）“四合一”兼容供电电气控制柜

作业程序

1. 断电

（1）关闭电源；

（2）确认本车无外部 AC 380 V 及 DC 600 V 供电；

（3）依次将SA1、SA2、SA3、SA4空气开关置于零位；

（4）断开 Q1、Q2、Q3、Q4 主回路及所有空气开关。

2. 清扫

（1）清扫配电柜、控制箱箱体内外；

（2）配电柜内各元件清扫、吹尘。

3. 柜体及电器元件检修

（1）检修柜门、门锁、插销、折页及面板油漆；

（2）检查紧固控制柜安装螺栓；

（3）检修柜门内、外侧配件；

（4）检测空气开关、交流接触器、热继电器等电器元件；

（5）检查逻辑控制器（PLC）、安全记录仪、代理节点、网关、触摸显示屏、充电/整流模块、适配器及 FL 分流器以及各类 12 V 电流、电压变送器（传感器）等电器元件；

（6）检修直流控制电源 DY1、DY2；

（7）各类指示灯、按钮检查；

（8）检查各熔断器是否良好，容量符合规定。

4. 配线检修

（1）紧固各接线端子；

（2）接线排、防护罩、配线、线槽及盖、熔断器座的外观检查；

（3）绝缘测试；

（4）控制柜体接地线状态良好。

5. 通电试验

（1）接通本车 AC 380 V（或 DC 600 V）电源。合上 Q1、Q2（Q3、Q4）及 DC 110 V、Q20、Q30、Q40 和全部空气开关。

（2）全面调试控制柜各项功能。

技术要求（标准）

1. 断电

禁止带电作业。

2. 清扫

（1）柜内清洁、无积垢。

（2）要求有机玻璃表面必须用胶布保护，触摸屏须用柔软干布或含中性洗涤液的湿抹布绞干后擦拭。

3. 柜体及电器元件检修

（1）控制柜门配件齐全，作用良好，柜门灵活、关闭严密、柜门胶条不丢失；面板脱漆者除锈垢，喷涂原色油漆。

（2）柜体安装牢固无松动。

（3）面板配件齐全，安装紧固；指示标牌、门内侧《电气原理图》、《电器位置图》完整、清晰。

（4）空气开关、热继电器拆下上

试验台检修，其性能符合质量要求。交流接触器等器件外壳无裂损变形、烧损变色。

（5）触头、线端子接触良好、无灼伤、动作灵活，接触面烧损1/3的须更换，整定值误差不大于5%。

（6）检修良好贴检验标签。

（7）各转换开关紧固无损。各标志牌齐全清晰。各保险容量符合规定。

（8）PLC安装牢固、按原理图接线正确、接插件良好，接线断子紧固、无烧损变色、线号清晰，ON/OFF开关置于OFF位。

（9）安全记录仪安装牢固，按原理图接线正确，接线断子紧固、无烧损变色、线号清晰，通信指示灯良好。

（10）各类代理节点、网关安装、接线良好。

（11）触摸显示屏安装牢固，屏幕无破损刮痕，接插件良好。

（12）各类 12 V 电流、电压变送器安装紧固，接线不松动。

（13）DY1、DY2 直流控制电源不破损，散热槽不脏堵，接线不松动。

（14）各类指示灯、按钮齐全完整不松动，线端子紧固；不良者更换。

（15）熔断器容量不符或损坏者，更换新品。

4. 配线检修

（1）接线牢固可靠，绝缘层良好，无老化、烧损，线槽完整，引线口有护套；

（2）各配件齐全、无缺损老化，线号正确清晰，并与原图纸线号一致。接线板、鼠笼式接线端子、线槽变形、破损，螺栓滑扣者更换，熔断器瓷座破损，内部金属件锈蚀者更换，检查配电柜内配件，要求安装牢固不松动。

（3）绝缘值：相间 ≥2 MΩ；相对 N 相≥2 MΩ（测试直流配线绝缘时，须将正、负线短接后再进行）。

（4）接地电阻≤4 Ω。

5. 通电试验

（1）逻辑控制器（PLC）的电源、输出、通信三个指示灯发光（错误报警、停机指示灯不亮）。

①正确设置 PLC 各项控制参数；

②空调：制冷 24 ℃，采暖 18 ℃，交流漏电保护值：150 mA；

③空调机组电流值须根据空调机组压缩机、空气预热器的实际工作电流来设定，在运用中可根据压缩机（空气预热器半工况和全工况时电源值，取总电流的平均值作为电流设定值；也可参照表 2－3 数值进行设定。

表 2－3　电流设定值

序号	空调机组型号	适用车型	制暖电流设定值	制冷电流设定值
1	KLD－29P	YZ25G、25K	5.0～5.5 A	8.0 A 左右
2	KLD－35	RW25G、25K、19K	5.5～6.0 A	10.0 A 左右
3	KLD－40	CA25G/K、YW25G/K	5.5～6.0 A	12.0 A 左右
4	KLD－9	XL25G/K、KD25G/K	3.0～3.5 A	3.2 A 左右

（2）触摸显示屏的"轴温报警器信息"、"供电信息"、"防滑器信息"、"塞拉门信息"、"空调系统信息"显示正常，查询、显示、联网、监控、设定等各项功能操作正常，数据存储正确。交流漏电保护值设定为 150 mA（DC 600 V 在线绝缘检测装置 10～50 mA 可调，标准设定值 30 mA，当漏电值超过设定值时，自动切断供电，同时漏电指示灯亮）。

温度设定为：制暖18 ℃、制冷24 ℃。制冷值高于制暖值，互差不小于4 ℃。

触摸屏显示不清、亮橘黄色或使用5 年时更换电池。黑屏或亮度不足时更换背灯。

（3）安全记录仪联网指示灯闪烁。

（4）直流控制电源 DY1 额定输入电压 DC 110 V、电压波动范围 77 ~ 137. 5 V，输出电压：直流 24 V 电压波动范围：20. 4 ~26. 4 V（向 PLC、安全记录仪、代理节点、网关、触摸显示屏供电）；输出 DC 12 V 电压波动范围：11. 4 ~12. 6 V（向传感器供电）。

（5）直流控制电源 DY2 输入电压：DC 110 V、电压波动范围：77 ~137. 5 V，输出48 V、电压波动范围：43. 2 ~52. 8 V（向内端门、水位显示仪、轴报、防滑器等48 V 负载供电）。

(6) 控制电压欠压保护值设定：104 V。

(7) 空调机组额定值设定：压缩机（制冷）9 A；预热器（制暖）5.5～6.0 A，设定制浮动不超过1 A。

(8) 本车网络受控选择：受控。

(9) SA1（直流—交流）选择开关能正常选择，并实现互锁。

(10) 电源供电转换功能：

①SA2（电源选择自动，试验Ⅰ路、试验Ⅱ路）转换正常，开关灵活，手动能选择供电。

②SA2置于自动位时，系统能自动实现奇数车箱，选择Ⅰ路、偶数车箱选择Ⅱ路供电（车箱号在触摸屏的画面〈参数设定〉内已事先设定）。其功能符合下列要求：

a. Ⅰ、Ⅱ路供电互锁。

b. 无论车箱奇偶数、当一路无电时，PLC 自动选择有电回路供电，负载减半运行。供电恢复后自动返回到奇偶识别状态。

c. Ⅰ、Ⅱ路电源其中某一路出现故障时 PLC 自动选择到另一路供电。故障排除后先按“停止供电”再按“自动供电”按钮后自动转换回原供电方式。

d. 人为操作触摸屏内“空调控制”面板的一、二路供电选择能实现电源转换（此时电源只检测、不自动保护）。

(11) 空调机组控制功能:

①空调控制转换开关 SA3 的自动、试验暖、试验冷各工况选择正常。

②手动“试验暖”、“试验冷”位时控制柜及空调机组能正常工作，此时 PLC 对空调机组只监测，不保护。

③SA3 置“自动”位时，PLC 能根据车箱温度并依据制冷、制暖设定值自动实现“强风”、“弱风”、“强风半冷”、“弱风半暖”、“强风全冷”、“弱风全暖”六种工况的自动转换（程序已设定动差值为 1.5 ℃）。

④人为操作触摸屏内“空调控制”面板的“强风”、“弱风”、“强风半冷”、“弱风半暖”、“强风全冷”、“弱风全暖”六种工况触摸按钮能实现空调转换。

⑤各工况下触摸显示屏无故障显示，熟据的储存与记录正确，各种画面调阅正常。

(12) 照明控制功能

①照明控制转换开关 SA4“半灯”、“全灯”、“停止”位作用良好。

②交直流、应急供电时转换正常。

（13）联网通信功能：各代理节点、网关作用良好，触摸屏能实现对外车箱的“监视”、“监控”有效操作。

三、应急电源检修

技术要求（标准）

1. 检查

（1）不得损坏插接装置（须在断电后进行）。

（2）把手、折页、插销、门锁等作用良好，安装无松动，箱内外无破损，油漆脱落时补原色油漆。

（3）各部清洁，箱内变压器、控制板及各元件须安装牢固，无烧损、异常，导线无脱焊，各部连接状态良好，保险容量符合规定各电器元件作用良好，无异音，空气开关拆下校验。

2. 校验

（1）过充、过放保护功能良好，过充整定值为（60±1）V，过放整定值为（45±1）V；

（2）限流充电整定值须正常（5 A）；

（3）充电机直流输出电压须正常。

3. 配线检查

（1）配线无老化、烧损，压接及焊接状态良好。

（2）绝缘值：交流三相间、相对N相间绝缘均≥2 MΩ；48 V正负线间及其与车体的绝缘≥0.2 MΩ；壳对地≤4 Ω。

4. 组装

（1）应急电池安装牢固，电池容量符合规定，电池清洁无破裂，端子无氧化，接续线紧固无松动，工作电压为45～60 V。电池箱各部无破损，吊具配件齐全，紧固件无松动。

（2）充电整流箱、控制面板、箱体接插座等接线牢固，不松动；各部件安装牢固，不松动，保险符合规定的容量。

5. 现车试验

（1）转换系统中“正常”灯亮。

（2）电流指示≤5 A，“充电”位时电压≤53 V；“负载”位电压为48 V。

（3）应急负载工作正常。

（4）应急转换功能良好，自动转为蓄电池应急供电。

（5）能人工开停蓄电池对应急负载供电。

（6）欠压保护须起作用，自动切断应急供电。

四、餐车电气化厨房设备检修

作业程序

1. 预检

对厨房各电气化改造装置进行静态检查，测试绝缘状况。

2. 动态检查

（1）确认无误满足通电条件后，接通电源；

（2）检查厨房电器控制柜、电磁灶、电蒸饭箱、电炸炉排油烟机、电磁炉、电开水炉、微波炉及其他附属设施工作正常。

3. 各用电器检修

（1）用 500 V 级兆欧表检查各用电器绝缘电阻；

（2）各控制柜内除尘，清洁，各继电器、接触器、空气开关、仪表等电器元件检修，上试验台调试、校验；

（3）各接线端子压接良好，排列整齐，紧固接线；

（4）清扫电磁灶进、出风口，紧固各部螺栓，检查机壳内线路板有无油污，加热线圈无打火、变色，电位器调功连续阻值变化均匀，清洁风扇油网过滤器；

（5）检查电蒸饭箱水位探头无积垢，电磁阀吸合良好，DC 变换模块测试符合要求，水位板按动作顺序试验工作可靠，定时器定时准确；

（6）拆下排油烟机电机按通用电机检修方法进行分解检修，清除风扇叶片上附着的积油，清洁照明灯具，灯口接触簧片导电良好；

（7）开水器分解检修，清除各部水垢，清洗过滤器，检查加热管，绝缘不良，破损者更换，清洁水位探头，疏通各部水管，更换熔断器；

（8）分解检修电炸炉加热管，清洁表面油垢，限温器、温控器感温探头固定牢固，复位按钮复位准确，动作灵活。

4. 检修后试验

对检修好的厨房电器控制柜、电磁灶、电蒸饭箱、电炸炉、排油烟机、电磁炉、电开水炉、微波炉及其他附属设施进行通电试验。

技术要求（标准）

1. 预检

（1）各装置内外部配件齐全，外观无异状；

（2）用 500 V 级兆欧表测试绝缘值，有绝缘指示，确认通电条件。

2. 动态检查

预检中每一检查项目的技术状况，均须作详细记录，除不影响下一步试验检查的不良技术状况的项目外均须进行妥善处理。

3. 各用电器检修

（1）电磁灶冷态绝缘不低于20 MΩ，热态绝缘不低于5 MΩ，电蒸饭箱、电开水器冷态绝缘不低于5 MΩ，热态绝缘不低于2 MΩ，电炸炉、排油烟机冷态绝缘不低于20 MΩ，热态绝缘不低于2 MΩ。

（2）控制柜内配线的线号清晰，排列整齐，绝缘层良好，无折损、老化、烧焦现象，引线口有护套。接地线安全可靠。各接线端子紧固，无松动、脱落现象，接线端子的防护装置松动者需加固。接线排配件齐全，排列整齐，线槽完整，配线无线槽者绑扎整齐。控制线路、电器元件有热损、老化现象者须更换。

(3) 各开关动作正常，接触良好，无打火、烧灼现象，开关线开口须密封。

(4) 各灯具内外清洁，灯座安装牢固，灯罩烧损、破损者更换，并进行点灯试验。

4. 检修后试验

(1) 额定电压下电磁灶功率在额定功率的 -5% ~ +5% 范围内且调节范围为 30% ~ 90% 额定功率，在正负 10% 额定电压范围内能正常工作过、欠电压及过电流保护功能、超温保护、无锅自停功能良好；

(2) 电蒸饭箱自动报警装置、缺水保护装置、防干烧装置功能良好；

(3) 电炸炉超温保护、漏电保护

功能良好、无渗漏；

(4) 排油烟机漏电电流小于 0.5 mA/kW，噪声小于 68 dB。

五、DC 600 V 车下电源变换箱检修

作业程序

1. 预检

(1) 箱体内外部清洁；

(2) 将拆下已经修竣的空气开关、交流接触器、热继电器等电器元件装回箱内；

(3) 按照拆卸时所做的标记将各元件配线连接并紧固；

(4) 全面检查箱内元件安装情况及配线接线状态，一切就绪后，关闭车下电源变换箱各检查盖扳，为通电检查做好准备。

2. 箱体外部检查检修

（1）检查箱体外观及悬吊装置；

（2）门、锁、搭扣、密封条等检查；

（3）排水阀检查。

3. 箱内电器元件检查检修

（1）对箱内接线排、接插件、接线端子、配线及各电路板、元器件外观检查；

（2）检查柜内各配件及接线端子，打磨各触点；

（3）检查各元件参数设定值；

（4）将柜内空气开关、交流接触器、热继电器等电器元件拆下送检；

（5）检查箱内指示标牌及图纸。

4. 配线检查

（1）检查柜内所有配线状态；

（2）对配线进行绝缘测试。

5. 配件安装

（1）将拆下已经修竣的空气开关、交流接触器、热继电器等电器元件装回箱内；

（2）按照拆卸时所做的标记将各元件配线连接并紧固；

（3）全面检查箱内元件安装情况及配线接线状态，一切就绪后，关闭车下电源变换箱各检查盖板，为通电检查做好准备。

技术要求（标准）

1. 箱体外部清洁

（1）清扫除尘，保持箱体外部清洁。

（2）柜内清洁、无积垢；柜内清扫时不得损坏电器元件。

2. 箱体外部检查检修

（1）箱体外观无变形、裂纹、腐蚀、渗漏，箱体、吊架及吊装螺栓无变形、开焊、裂纹，零部件齐全、紧固件无松动。

（2）门转动灵活、开启方便，密封条齐全、无老化、平滑完整，密封性能良好，不良者更新；门面板脱漆者除锈垢，喷涂原色油漆，铰链涂润滑油；门搭扣、锁配件齐全，作用良好，不良者修复或更新。

（3）清洁排水阀，无堵塞，开关作用良好。

3. 箱内电器元件检查检修

（1）箱内接线排、接插件、接线端子外观良好，无变形、灼痕、氧化、裂纹、松动等、线号标记正确；各断路器、接触器触头无异音、卡死、粘连。散热器表面清洁，无破损。

（2）各触头、接线端子接触良好，无灼伤，动作灵活，接触面烧损 1/3 者更换。

（3）各元件无破损，整定值误差不大于5%，各熔断器容量符合规定。

（4）各标志牌齐全清晰，《电气原理图》、《电器位置图》完整、清晰，线号与现车一致。

4. 配线检查

（1）接线牢固可靠，绝缘层良好，无老化、烧损，线槽完整，引线口有护套；配线线号正确清晰，并与原图纸线号一致。接线板、鼠笼式接线端子、线槽变形、破损，螺栓滑扣者更换。

（2）绝缘值：相间 ≥2 MΩ；相对N相≥2 MΩ（测试直流配线绝缘时，须将正、负线短接后再进行）。接地电阻≤4 Ω。

5. 配件安装

（1）接线牢固可靠，线号正确清

晰，并与原图纸线号一致；

（2）电源变换箱除正面门外，其余各门及盖板应涂抹密封胶。

六、空调装置的检修（单元式空调机组）

作业程序

1. 除尘

用压缩空气对空调机组外部及风道进行除尘。

2. 预检

（1）外观检查空调机组各部、配电柜各部是否完整。

（2）检查冷凝风机，用手转动风机叶片无异响、刮擦及变形。

（3）通电试机时车顶、配电间均须有人监视运转状况，确定冷凝风机旋转方向正确。必要时（如电流过大、有异常响声，或电机不转动）立即停机，查明原因，处理后再启动机组。

（4）检查控制柜，各配件齐全，接线紧固；从配电柜线排检查新风机、冷凝风机、通风机、压缩机绕组阻值与对地绝缘是否正常。

（5）检查通风系统各出风口、回风口、滤尘网及软风道有无破损，作用是否完好。

（6）通电进行动态试验，注意车顶机组是否有异状，观察电流表，电压表数值显示是否在正常范围之内，用钳形表检测压缩机、通风机、冷凝风机的电流并做好预检记录；根据测量数据确认有无故障，以便检修中重点检修。

（7）制冷效果检查。

（8）用电子检漏仪对系统是否漏泄作初步判断。

（9）预检时应做好各项记录。

3. 分解检修

（1）拆卸机组与车体主风道连接的软风道及护罩；拆除机组与车体连接的电缆接头。

（2）卸开机组安装螺母，用专用吊具将机组吊到地面可移动小车上，将机组推进检修间，用行车将机组吊到分解台位。

（3）用电动扳手将机组顶盖螺栓拆下，移开机组顶盖，用套筒扳手将通风机、冷凝风机安装螺栓拆下，拆脱风机电源接线，用行车将风机吊到风机检修台位。

（4）拆下空调机组内压缩机、空气预热器、高压、低压继电器、及低温保护器配线，检查配线应无破损、变色、断路，配线绝缘达标。

(5) 拆下风机总成风筒、叶片、电机。

(6) 用万用表检测电机三相绕组是否平衡、阻值是否正常。

(7) 将电机前后轴承端盖固定螺母及弹簧垫卸掉，用铜棒轻轻敲击轴承外盖并卸下，取出电机转子。

(8) 用毛刷对电机进行除尘。

(9) 使用轴承拆装机更换电机转子轴承。

(10) 风机叶片、机架、电机外表面进行除锈、清洁后刷防锈漆、刷原色油漆。

(11) 装配风机电机。

4. 清洗及烘干

5. 检修

(1) 检查空调机组内各隔热层、密封条无破损、变形、脱落，并进行必要的处理（脱落后重新粘贴，破损、变形者进行截换并作粘贴处理）。

（2）检查各接线柱，锈蚀者必须清除锈垢。

（3）用翅片梳子对变形的翅片进行梳理矫正。

（4）分解航空插头，检查其有无损坏，配线有无破损、老化、热损、接线不良，用 500 V 兆欧表检查各配线绝缘，打磨线鼻子。

（5）用肥皂水及电子检漏仪对整个系统检漏，若有漏泄，用电子注氟设备回收 F22，用氧焊机进行焊接，用氮气保压试验，然后用电子注氟设备定量加注 F22。

（6）压缩机、气液分离器、干燥过滤器除锈垢，涂红丹底漆、原色面漆。

(7) 检修空气预热器，先进行清扫除尘，检查预热器接线无老化、破损，线套、线号良好，热保护熔断丝更换。预热器阻值、绝缘值须符合规定。电热管绝缘不良拆下处理，损坏者更换。绝缘瓷管完好，支架应无锈蚀。

(8) 可调式高低压控制器各参数调整至规定值，探头式进行通断检查。

(9) 清除机组溢水管口脏物、污物，用清水自管口灌入，做排水试验。如有堵塞或排水不畅，用铁丝进行疏通，有活结箍者可拧开进行。完毕溢水管涂刷原色油漆。

(10) 机组软风道除尘，老化、破损者更换，压条锈蚀者更换。

(11) 用压缩空气对空调机组安装平台及风道进行除尘，对安装平台机架进行除锈、刷漆，检查机架上机组减振器、平台安装面水封、气封。

（12）空调出、回风格栅用毛刷清扫除尘，检查调节板调节正常，不良者拆下检修，变形者校正，破损者更换；回风网、蒸发器过滤网用清水清洗干净，破损者更换。

6. 装配

7. 机组试验

（1）将检修好的空调机组用行车吊到空调机组模拟试验台上，使机组出风口与设备风口良好对接，机组出风侧面与设备风口海绵压接紧密；

（2）将机组上的航空插头与设备上的配套航空插座连接并紧固，确保接插件可靠接触；

（3）检查、测量各风机、压缩机等绕组阻值是否正常，各接线柱状态是否良好；

（4）开启设备总电源、计算机电源，关闭试验台活动顶盖；

（5）按试验台的操作规程进行操作试验，检测其制冷量是否符合规定，检查机组有无异响。

8. 机组装车

（1）将检修好的软风道安装到安装到空调机组送风口接口处；

（2）将合格的空调机组用行车吊运到相应的空调车上，检查机组减振器与车顶空调机组安装座之间有无间隙，用风动扳手紧固机组安装螺栓；

（3）安装软风道、风道盖板、机组罩板，使机组出风口与车体风道相连接贯通，安装好空调机组与车体相连接的 PE 线；

（4）连接机组航空插头与控制柜航空插座、拧紧螺帽；

（5）检查防风、防水胶密封处，在通过台或客室小走廊顶部回风道处检查气封是否有间隙；

（6）安装新风、回风等滤网，滤网无变形、破损、干净，滤尘性能良好。

9. 空调装置试运转

（1）通电前准备工作：

①从配电柜输出线排检查压缩机、冷凝风机、通风机、空气预热器、新风机、废排风机的绕组电阻（符合规定）和对地绝缘值（不得低于2 MΩ）。检查各控制通路状态符合图纸要求。

②接好电源接头，通电时须互相呼唤。

车顶1人，复查有无遗漏问题并与配电室人员做好联系。

（2）配电室人员开动风机，确认

各台风机无反转现象，如有反转，停机切断电源后由输出线排在反相风机 U、V、W 相线任易互换两相并作好线号标记。

（3）试通风、弱冷、强冷、采暖（部分机取消空气预热者不试暖房）、手自动，操作电工注意电流是否正常，各工况位工作是否正常。机组如有异常响声，加强与车顶人员联系，如有故障时立即停机，检查处理。

（4）车厢关闭门窗，机组运转 30 min以上，检查各部运行是否正常（异常者必须排除故障），制冷效果良好。各接线端子温升正常。

技术要求（标准）

1. 除尘

风道无浮尘、杂物。

2. 预检

（1）机体各部无变形、破损、裂纹；

（2）各电机对地绝缘值不少于5 MΩ（本供式空调客车除压缩机电机外，其余电机对地绝缘值不少于2 MΩ）；

（3）外温度22 ℃以上时，运转30 min左右检查蒸发器、冷凝器状态，根据室内干球温度及压缩机运转电流，对照制冷剂漏泄表，初步确定系统F22的量是否足够，外温与室内出风口温差不小于10 ℃。

3. 分解检修

（1）各种安装螺栓若为铁制品，全部更换，若为不锈钢制品，在确认无滑丝、裂纹、变形的情况下可重复利用；

（2）转子要轻拿轻放，注意不要碰坏绕组；

（3）更换轴承时，操作者应保证轴承的清洁；

（4）配线绝缘不低于2 MΩ；

（5）一定要等防锈漆风干后才能刷原色面漆；

（6）装配过程中，必要时只能用铜棒轻轻敲击。

4. 清洗

（1）超声波清洗池内的清洗液酸碱度应保持在pH值不小于1.6，当发现清洗液浓度偏低时应及时补充原液；

（2）启动前所有超声波振子必须放入清洗液中，否则设备无法启动且有可能损坏振子；

（3）透洗时，高压水不能斜对着蒸发器和冷凝器冲洗，防止将换热翅片冲变形；

（4）透洗后，可用pH试纸测量透

洗后机组内剩余液体的 pH 值，使之接近中性（pH 值为 7）以减少残留清洗剂对机组的腐蚀。

5. 烘干

（1）设备绝缘不达标不能使用，阻值应不小于 0.5 MΩ；

（2）打开炉门前，应打开放气阀放气使真空压力表归零；

（3）根据干燥效果，重复换气、抽空、加热过程。

6. 检修

（1）机组气密试验时充入 1.0 MPa 氮气，浸入水池中，30 min 无漏泄。

（2）压缩机绝缘值不小于 5 MΩ。

（3）电加热器绝缘值不小于 20 MΩ；温度开关、熔断器一律更换新品。

（4）插件破损、配线老化热损者更换，配线绝缘不小于 2 MΩ。

（5）高压：2.8 MPa，低压：0.20 MPa。

（6）减振器安装紧固、无裂损；水封、气封齐全完整无变形、破损；出、回风栅安装牢固，配件齐全，无损坏，调节板调节灵活，位置恰当；各过滤网大小适中，无破损；软风道无破损霉腐。

7. 装配

（1）风机在组装过程中，必要时只能用螺丝刀木柄轻轻敲击，防止损伤风机。

（2）在用风动扳手紧固安装螺栓时，应避免将螺栓紧断。通风机风筒出风口与空调机组前端壁配合紧密。

（3）配线装配完毕后必须按相应线号顺序进行测试，确保配线装配无混相、反相。空调机组整体绝缘不低于 2 MΩ。

8. 机组试验

(1) 试验时间为机组运行稳定后试验 30 min，额定电压下，各电机电流平衡差不超过 10%；

(2) 空调机组在检修完毕后均须上空调机组试验台进行性能试验，制冷量须达到标准制冷量的 90% 以上；

(3) 各电机对地绝缘值不小于 5 MΩ，各相电流平衡偏差不超过 10%。

9. 机组装车

(1) 安装时注意不能损坏软风道；

(2) 机组安装时，如减振器与车顶空调机组安装座之间有间隙，应插入调整板进行调整，确保空调机组处于水平位置。严禁用螺栓强行连接，以免损坏减振器。

(3) 软风道连接处不能有漏风现

象；PE 线连接良好，线与座之间阻值≥4 Ω；机组安装螺栓紧固良好，平弹垫齐全；

10. 空调装置试运转

（1）水封、气封与机组底部良好接触，不能有间隙；各风机必须风向正确，机组无异响异振；

（2）外温 22 ℃以上，机组运转 30 min，外温与出风口温差不少于 10 ℃，客室内温差，卧车各间不超过 2 ℃，座车客室两端不超过 3 ℃，双客上下层不超过 4 ℃；

（3）接线处温度不得高于环温 35 ℃或实测温度不得高于 80 ℃；同一接线排各通电接头温度不得高于 20 ℃时或同一电器三相接线处温度不得高于 15 ℃。

复习思考题

1. 在空调中修或（A3）修时哪些电器设备要上试验台进行性能试验?

2. DC 600 V 25G 型车电源有哪些?

3. 为什么空调装置不能在外温低于 18 ℃的情况下进行制冷工作?

第三部分

常见故障判断及应急处理

（一）发电车供电的 AC 380 V 及机车供电的 DC 600 V 制式列车在运行途中发现车体漏电，如何处理？

1. 交流 380 V 客车途中漏电应急措施

（1）运行途中出现发电车主开关跳闸，当班发电车司机要立即用对讲机（手机）将信息通报车辆乘务长、外电乘务员及休班司机。

（2）车辆乘务长、外电乘务员及休班司机根据当班发电车司提供的信息，判明情况后实施应急处理。

①主开关跳闸前发电车供电采用双机组两路独立供电（两台机组各供一路）方式的：

a. 发电车司机停用跳闸主开关所在机组，保持另一台正常机组单路供电，并将相关信息通报外电乘务员。

b. 外电乘务员逐辆关断已停电车辆电源柜内所有负载开关后，赶往发电车进行绝缘检测。

c. 取下 4FU5、4FU6、4FU7、4FU8、4FU9、4FU10 六个保险后，当班司机、休班司机及外电乘务员共同用 500 V 兆欧表在发电车内对列车停电干线进行绝缘检测，若绝缘不达标，则停用该路干线；若绝缘达标，则启动备用机组，对无电干线进行供电。

d. 外电乘务员对已停电车辆逐辆进行检查，用绝缘检测仪对各部绝缘进行检测，对检查、检测确认无故障车辆，接通电源，正常使用。

e. 在所有断电车辆均经过检测并妥善处理（通电使用或暂停使用）后，对存在绝缘不良的车辆，车电乘务员须进一步确认故障部位并应急处理（在应急小组电话指导下处理)。

f. 发电车司机对已经停用的机组进行全面检查检测，确认机组各部状态良好后备用；如发现故障，须在车间应急小组电话指导下处理。

②主开关跳闸前发电车供电采用单机组两路并联供电（一台机组同时向两路干线供电）方式的：

a. 发电车司机停用跳闸主开关所在机组，并将相关信息通报外电乘务员。

b. 外电乘务员逐辆关断所有车辆电源柜内一切负载开关后，赶往发电车进行绝缘检测。

c. 当班司机、休班司机及外电乘务员共同用500 V兆欧表在发电车内对列车两路干线进行绝缘检测：

若两路绝缘均达标，则启动一台备

用机组，对两路干线进行供电。

若有一路绝缘不达标，则停用该路干线，启动一台备用机组，对另一路绝缘良好干线进行供电。

若两路绝缘均不达标，须在车间应急小组电话指导下分段查找处理。

d. 外电乘务员对全列所有车辆逐辆进行检查，用绝缘检测仪对各部绝缘进行检测，对检查、检测确认无故障车辆，接通电源，正常使用。

e. 在所有车辆均经过检测并妥善处理（通电使用或暂停使用）后，对存在绝缘不良的车辆，车电乘务员须进一步确认故障部位并应急处理（在车间应急小组电话指导下处理）。

f. 发电车司机对已经停用的机组进行全面检查检测，确认机组各部状态良好后备用；如发现故障，须在车间应急小组电话指导下处理。

2. 直流 600 V 客车途中漏电应急措施

（1）运行途中列车出现漏电故障导致机车主开关跳闸，当班乘务员要立即用对讲机（手机）将信息通报车辆乘务长及其他包乘组成员。

（2）车辆乘务长将信息及时上报运用值班室，并指挥包乘组全体成员实施应急处理。

①机车主开关仅有一路跳闸，乘务员应找出漏电车辆（停电车辆），关断该车控制柜手动主开关，在车间应急小组的指导下进行查找、处理。

②机车主开关两路均跳闸：

乘务员关断所有客车控制柜手动主开关，在列车站停时取下与机车相连的电力连接线，用 1 000 V 绝缘检测仪分别检测两路绝缘：

a. 两路绝缘均达标，则确定列车干线无漏电。连接好与机车相连的电力连接器后，通知机车向两路干线供电。

b. 仅有一路绝缘达标时，将绝缘不达标侧连接车辆与机车的电力连接线取下，放在车辆靠机车端通过台上，并将绝缘达标侧连接车辆与机车的电力连接线可靠连接后，通知机车向该路干线供电。

c. 两路绝缘均不达标时，摘开列车中部电力连接线，分段再分段测试，直至查出漏电故障车辆，并在车间应急小组的指导下进行查找、处理。

机车对列车干线供电后，乘务员须逐辆手动供电：

a. 本车控制柜漏电报警指示灯未

得电发光，则该车不存在漏电，合上控制柜手动主开关，将该车投入正常使用。

b. 本车控制柜漏电报警指示灯得电发光，则该车存在漏电，不得合控制柜手动开关，须在车间应急小组的指导下进行检查、处理。

（二）配电盘各分支负载熔断器烧断，如何处理？

1. 熔断器烧断原因

（1）分路干线或支线正负线短路。

（2）分路干线或支线正负线漏电。

（3）负载过大。

（4）熔断器缺损。

2. 检查方法

（1）判断支路正负短路或正负线漏电。将 8 W 试灯两端接烧断熔断器两端，若灯亮，再将另一只试灯的一端接L，另一端接车体，若灯亮，再将L端改接负线，两只试灯半亮，表明分、支路正负线短路，若接地不亮，表明分、支路正负线短路。

（2）判断负载过大烧断熔断器。

（3）熔断器缺损，流过正常电流烧断熔断器。

3. 处理方法

（1）分路或支路短路或分路漏电，应将分路线卸下包扎，停用。

（2）查出负线漏电车辆单独使用。

（3）更换熔断器。

（三）运行途中发现电机吊架裂纹，如何处理？

1. 裂纹原因

（1）电焊工艺不良。

（2）材质不良。

（3）加工过程中机械损伤。

2. 处理方法

（1）确认在无机械动力输入情况下裂纹不会扩大时，将皮带卸下，吊起电机不准晃动，当子车用（母改子应卸下激磁熔断器，拆控制箱 B + 端子并包扎绝缘）。

（2）无机械动力输入情况下，裂纹有继续扩大趋势电机有脱落危险时，应将电机卸下，确保列车运行安全。吊架严重裂纹时，应捆固在转向架上。

3. 卸电机作业要求

（1）列车运行中与运转车长、司机联系。

（2）停车后设置防护信号。

（3）拆卸电机，搬运上车应注意人身安全。

（4）作业完毕，撤除防护信号，通知车长发车。

（四）运行途中发现电机吊耳裂纹，如何处理？

1. 裂纹原因

加工过程中机械损伤所致。

2. 处理方法

（1）确认在无机械动力输入情况下，电机吊耳裂纹不会继续扩大时，可卸下皮带，吊起电机，保证运行时不晃动，该辆当子车用。

（2）在无机械动力输入的情况下，电机吊耳裂纹有继续扩大的趋势，电机有脱落的危险时，应卸下电机，确保运行安全。

3. 卸电机作业要求与运行途中发现电机吊架裂纹处理办法相同。

（五）运行中 KP－2A 型控制箱失控如何处理？

1. 基本处理方法

（1）关断 K1，更换备用控制板，再开启 K1，装上 RD3，确认是否发电、失控。

（2）若全列母车供电足够，可暂时关闭该车发电。

2. 电机失控，烧断 RD3，仍继续失控的应急处理方法

这种失控是很严重的，多因熔断器烧结短路而致，在故障无法判明的情况下，可先拆下控制箱负线，使发电机停止发电后，再检查失控原因。

在运行中，遇有失控时应尽可能采取一切措施排除故障，在无料无法处理的情况下，又急需供电就采取应急发电办法：拆下控制箱的 j1、j2 和半夜灯线头，将 j1 接半夜灯保险台下方，j2 接半夜灯接线，其线路通路是：

+—半夜灯保险—j1—绕组—j2—

半夜灯负载—负线。此法可靠实用，一般发电量 30 ~ 40 A，但必须经常注意发电机发电状态。遇激磁绕组和工作绕组短路时禁用此法，以免不测。

（六）运行中，KP－2A 型控制箱不发电，如何处理？

1. 不发电的原因

（1）发电机故障或皮带丢失。

（2）D4、D6 断路，或 D2 短路。

（3）无激磁电流或无正常激磁电流，

（4）触发器输出不正常。

2. 基本处理方法

（1）关断 K1，更换备用控制板，再开启 K1，装上 RD3，确认是否发电、失控。

（2）停车时检查、安装发电机皮带。

（3）停车时检查整流箱 D4、D6、D2，若坏则视情况更换

（4）若全列母车供电足够，可暂时关闭该车发电。

（七）运行中，全列车发电机出力不均，如何处理？

全列车发电机出力不均，应在运行中适当地调节各发电机的出力，以达到均流目的。均流统调应在列车始发后2～3 h内使各发电机充电电流均小于整定值（需加上全车负载），每次统调在开车 10 min 后，待直流整定电压稳定后进行。统调方法：注意观察各母车发电机出力，对出力较大的应稍为压低其电压，对出力较小的应稍为提高其电压使各发电机的直流总输出差值小于15～20 A。统调应反复进行，力争差值越小越好。对蓄电池比重低、待停时间

较长、待停用较多、控制输出总电流小于额定值的控制箱，在列车运行途中，可适当提高输出直流电压整定值。

（八）轴报器出现不正常显示，如何处理？

1. 现象

（1）全部轴位或外温部显示“++++”或“----”；

（2）部分或某轴位显示“+++++”或“-------”。

2. 原因

（1）仪器故障

（2）元件故障

（3）配线和传感器故障

3. 判断检查方法

（1）仪器全部显示“----”或“++++”时的判断方法：

①显示“------”。检查15

芯线的“公共线”，若未断，未脱焊，表明仪器故障，若断线，表明断线引起。

②显示“＋＋＋＋”时，表明仪器故障引起。

（2）部分轴位显示“－－－－－”或“＋＋＋＋＋”时的判断方法：

①显示“－－－－－”时，将15芯线该轴位接线端子与“公共”线短路，若该轴位显示“＋＋＋＋”并报警，表明仪器正常，说明传感器或配线断路，若显示“－－－－”表明仪器故障。

②显示“＋＋＋＋＋＋”时，将芯线该轴位接线端子断开，若显示“－－－－”，表明仪器正常，配线或传感器有短路。

4. 处理方法

(1）仪器坏则更换。

(2）当仪器显示“+ + + + +”和“– – – – –”时，无备用仪器要随时摸量该位轴温。

（九）轴温报警器出现报警，如何判断真伪?

(1）用选点开关检查高轴位温度及外温温度，若显示正常，但仪器报警，表明仪器故障。

(2）运行中某一轴位显示高温并报警，其判断的方法是：将报警轴位14 芯接线端子挑开与温度显示正常的轴位端子对调连接，若故障轴位的温度显示正常，说明仪器工作正常，报警原因为传感器故障或轴箱高温，当仪器显示故障轴位的温度稳步而有规律上升时，乘务员应密切监察，做好应变准备。

（十）客车车上配线漏电常见部位应急查找。

（1）锅炉室、水泵、各开关的引线脱落搭铁；

（2）厨房、厕所、侧灯插座的导线橡胶老化变质接地；

（3）导线的绝缘层磨破或被铁钉穿透接地。

（十一）当自动控制沸水器发生电源空气开关跳闸时，怎样判断查找故障？

1. 原因

拆开电加热器引线合上电源空气开关，启动茶炉控制开关时：

（1）不跳闸：此时交流主接触器吸合，说明故障在电加热管。

（2）跳闸：说明故障在电源引线部分或主接触器与相之间短路，查找处理。

(3) 切断茶炉电源，拆下主接触输出线，合上茶炉电源，跳闸，故障在主接触器不跳闸，故障在输出线至加热器之间。

2. 处理

根据上述原因的查找，及时处理。

(十二) 空调列车运行途中发生故障如何处理?

凡发生下列情况者均须停机进行认真查找故障并处理:

(1) 柴油发电机组故障运转或供电异常。

(2) 空调机组及控制装置故障制冷异常。

(3) 电器件烧损。

(4) 各部位出现过热、运转异音、有火灾苗子等。

出现故障应准确判断及时处理，若不能排除故障，由乘务长负责通知列车长。列车长在拍发空调退票电报时，需由车辆乘务长确认。

（十三）单辆和整列空调车绝缘值低于标准值如何处理？

（1）25G单辆车绝缘值低于标准值时，打开车底两端四只分线盒，分解Ⅰ、Ⅱ路车底干线与引入配电屏电源和电力连接线接线端子，查找故障部位。

①到电力连接器座电力干线绝缘不良。打开该插座检查盖，分解电力线与插座导电柱结合部。再查找故障部位。电力连接器座绝缘不良，更换电力连接器座。反之，更换电力干线。

②到上部配电屏电力线绝缘不良。更换引入车上部电力线。

（2）双客单辆车绝缘值低于标准

值时，打开分线室，根据（1）方法查找及处理故障。

（3）整列车绝缘值达不到标准时，采用逐步分割法查找故障，首先从列车中部摘解电力连接器，分别测量列车前后部绝缘。逐步缩小故障查找范围，直至查到故障车辆。

（十四）运行途中，电力连接器烧损，如何处理？

（1）电力连接器烧损车辆靠近发电车端。

①同一侧电力干线烧损 1 只电力连接器座时，由两只并联供电电力连接器改用单只供电，减少该侧用电负荷，将部分用电负荷转移到另一侧电力干线上去。使故障侧供电负荷电流值在 350 A 左右。

②两侧电力干线均烧损 1 只电力连

接器座时，则均由两只并联供电电力连接器改用单只供电，并且减少干线供电的负荷，使每侧负荷电流值控制在350 A左右。

③同一侧电力干线两只电力连接器座均烧损时，将被烧损侧的负荷转移到另一侧电力干线上，并控制该侧的用电负荷量在柴油发电机组允许负荷以内。

（2）电力连接器烧损车辆位置在距发电车 8 辆以外时。

①同一侧电力干线烧损 1 只电力连接器座时，不必减少用电负荷。

②两侧电力线均烧损 1 只电力连接器座时，都不需要减少用电负荷。

③同一侧同时烧损两只电力连接器座时，切断故障车辆后部电力干线烧损侧电源（参考方向以发电车为首部），其用电负荷由非故障侧电力线供电，故

障侧前部车辆用电负荷由故障侧电力干线供电，负荷量应控制在柴油发电机组允许负荷以内。

（十五）车辆上部绝缘不良引起发电车跳闸不能供电，如何处理？

（1）上部的所有的电源开关全部置断位。

（2）从列车前部第一辆车逐辆进行合闸，当合到某一辆时，发生发电车跳闸，说明故障就在此车。

（3）在检查时应将各电器开关逐个合闸判断，可将故障设备的引线断开，维持其他设备的正常使用，返段后彻底处理。

（十六）运行途中电子防滑器的防滑排风阀出现故障时，应如何处理？

如果一个防滑排风阀出现故障时，可用一块垫片将该防滑排风阀的进气口堵住，运行至终点站后再进行处理，如果一个以上防滑排风阀出现故障时，应该对该辆车进行关门排风处理。

（十七）主回路、连接器熔断器烧断，如何处理？

一辆母车连接器、主回路熔断器烧断很容易导致部分车甚至全列车灭灯。

1. 烧断原因

（1）负载过大或邻近母车蓄电池容量低，发电机出力不足。

（2）正负主线短路。

（3）正负主线漏电。

（4）正负主线错线。

（5）连接器反极。

（6）保险故障等。

2. 检查方法

（1）主回路熔断器熔断（母车为例）

①断开连接、主回路和负载开关，更换熔断器后合上主回路开关，再依次合上负载开关若路负载熔断则该路出现短路（可能接地），若仍不熔断则可能是连接负载过大而熔断。

②熔断器缺损。

③熔断器安装松动或接触不良。

（2）连接器熔断器烧断。

①观察熔断器熔断状态，断面呈尖锋状，表明末变色，是负载过大造成；端面略平，细锯齿状，表面未变色，是正负线短路造成；如漏电烧保险，表面棕黄色。

②运行中，以 8 W 试灯接控制箱 B + 和车体，若亮，表明负载线漏电；若不亮，表明短路熔断器烧断。

③停车时摘开连接器检查是否下垂破损漏电，正负短路；在整流箱内确定

负线漏电和正线漏电。

④正负干线错接多属加挂或新检修车，先后合主回路、连接器，连接熔断器立即烧断。

3. 处理方法

（1）负载过大应酌情减小或者电机输出电压、电流过高则调小输出电压、电流。

（2）连接器正负线短路，用绝缘胶布分开包扎。

（3）正负线漏电本车单独用电。

（4）连接器反极，打开后部检查盖处理。

（5）母车正负线错接，一般以同线管正负线错接为多。打开分线盒，卸下接线柱螺帽，排除故障。如暂时不能排除错线故障，甩开干线接头，保留连接支线。

4. 恢复全列亮灯操作顺序

(1) 卸下全部子车负载（拉下子车备分路开关）。

(2 断开母车连接开关，装上熔断器，先只合本车主回路开关。

(3) 母车熔断器全部装上后，依次向子车供电。

（十八）XPD 配电盘各分路空气开关不跳闸，烧熔断器时，如何处理？

1. 原因

XPD 配电盘分路空气开关不跳闸，而烧熔断器的原因是空气开关损坏或作用不良，致使在分路正负线短路、漏电及负载过大等故障的情况下，空气开关无法断开而成为短接通路，当电流超过熔断器分断能力时，使熔断器烧断。

分路熔断器缺损或安装松动，即使在额定工作电流使用时，空气开关不会跳闸，故烧断熔断器。

2. 检查方法

（1）判断支路正负短路或正负线漏电。将 8 W 试灯两端接烧断熔断器两端，若灯亮，再将另一只试灯的一端接 L，另一端接车体，若灯亮，再将 L 端改接负线，两只试灯半亮，表明分、支路正负线短路，若接地不亮，表明分、支路正负线短路。

（2）判断负载过大烧断熔断器。

（3）熔断器缺损，流过正常电流烧断熔断器。

3. 处理方法

（1）分路或支路短路或分路漏电，应将分路线卸下包扎，停用。

（2）查出负线漏电车辆单独使用。

（3）更换熔断器。

（十九）在运行中，KP－2 A 型控制箱经常烧激磁保险管的判断检查及处理方法是什么？

1. 检查方法

（1）检查分压电阻 R13 中点电压是否正常；若为 15 V 左右，为正常；若为 48 V 以上为 R13 负线断线，或电阻下端电阻丝烧断；

（2）过压保护可控硅 SCR2 性能不良有软击穿可能，控制极回路稳压管 CW2 击穿短路或滤波电容 C3 断路；

（3）检查试验主保护电压值是否过低；

（4）检查确认发电机负载是否过大或调节不当引起，整定电压偏高。

2. 处理方法

（1）元件损坏的应更换；

（2）过压保护电压值过低的应重

新调整；

(3) 消除发电机过载，重新调节整定值；

(4) 无元件更换处理的，填报车统一181交客技站人员更换，重新调整处理运行中可断开过压保护回路继续发电，保证用电，但应时注意发电机运行状态。

（二十）运行途中，车厢制冷效果不好，如何处理？

1. 故障原因

(1) 过滤器堵塞；

(2) 室内、外热交换器积满脏物；

(3) 蒸发器结冰；

(4) 温度控制器设定温度高或动作不良；

(5) 少量制冷剂泄漏；

(6) 单循环不良。

2. 处理方法

首先检查回风口滤网是否脏堵，利用停车时间检查回风口里面的蒸发气滤网，如有脏堵取下清扫即可。

其次检查配电柜，先看全冷和半冷电流大小，再用钳形表测制冷主回路三相电流。如电流不在正常范围内，即可判定压缩机氟不足。如果只是制冷故障亮红灯，则先检查控制回路保护电器，再重启观察电流是否正常。如蒸发器结冰则需送风化冰，温度控制器温度高则调整温度控制器设定值或修理。

（二十一）热继电器保护动作，如何处理？

（1）确定热继电器整定值是否正确；

（2）检查空调控制柜接线、航空插座、插头是否因接线松动造成缺相；

（3）确定电机三相绕阻是否平衡，如不是因为缺相原因造成热继电器保护动作，再测量电机运行电流是否超过热继电设定值，再检查热继电器是否有损坏可能。

（二十二）制冷红灯，如何处理？

（1）应确认通风机、冷凝风机是否运转正常，取下线排上对应控制线187、189，287、289，387、389，487、489，判断是控制柜还是机组故障（通断测试）；

（2）控制柜检查FA（过流继电器）容量是否合格，接线是否良好，小型继电器KA反应是否作用良好；

（3）机组检查首先看气温是否过低≤18 ℃或外温是否过高≥40 ℃，可短接187，169，短时间强行启动压缩机，检测电流，如过高可能是系统高压端堵。外温过高、过低时则可能漏氟或压机旋向反。

（二十三）低压继电器动作如何处理？

（1）新、回、进风滤尘网脏堵，清扫新、回、进风滤尘网。

（2）蒸发器表面脏堵、结冰，通风融冰或冲洗蒸发器。

（3）制冷系统内制冷剂量偏少。查找系统漏泄部位和补加制冷剂。

（4）通风机转速偏低。将控制通风机转速转换开关分别打一下强、弱风位，耳听通风机转速。通风机转速有变化，说明通风机控制电路无故障。然后将通风机转速控制开关打到强风位，用万用表交流500 V挡测量通风机电机输入电压。大于375 V，则通风机电机工作绕组老化，更换通风机电机。

（5）通风机出风口出风量小，无回风吸力或很弱时，检查通风机是否反向，判明强风、弱风的回风吸力是否正常，耳听强弱风切换时是否有风机瞬间反向扭力的声音，有明显反向扭力声音则强风或弱风之一有反向；如果强风、弱风的吸力都比较小，如果有相序表，用相序表检查 U、V、W 相序，如果没有，任意选择互换通风机强风或弱风的三相之间的两相后，再开启已调换相序的强风或弱风并与未互换相序前进行比较，如果比之前回风吸力更多，则通风机反向。

（6）压力继电器切换压力偏高，更换压力继电器（固定式），或校整切换值（可调式）。

（二十四）制冷效果不好，如何处理？

除空调车车内滴水应急处理外，还需查找处理以下故障。

（1）冷凝器表面脏堵，冲洗冷凝器。

（2）冷凝风机排风量达不到要求，更换冷凝电机。

（3）制冷系统内制冷剂量偏少，查找系统漏泄部位和补加制冷剂（外温≥35 ℃，车厢温度≥27 ℃时，测量3.75 kW压缩机电流为7～9 A，5.5 kW压缩机电流为10～12 A。可判定制冷系统内制冷剂量符合标准）。

（二十五）高压继电器动作如何处理？

（1）冷凝器表面脏堵。冲洗冷凝器，提高热交换率。

(2) 冷凝电机工作绕组老化，转速偏低，更换冷凝电机。

(3) 压力继电器切换压力偏低，更换压力继电器（固定式），或校正切换值（可调式）。

（二十六）空调车车内滴水，如何处理？

空调车车厢滴水可分为回风口滴水，出风口滴水和车厢顶板出水珠（车体结构或空调机安装不良除外），故障都是由通风量不足造成（相对湿度大于80%例外）。

(1) 回风滤尘网脏堵，清扫回风滤尘网。

(2) 进风滤尘网脏堵，清扫进风滤尘网。

(3) 蒸发器表面脏堵，冲洗蒸发器。

（4）通风机通风量达不到标准，参照低压继电器动作如何处理第（4）点方法处理。

复习思考题

1. 在运用途中，机车供电的DC 600 V列车一路发生漏电，机车供不出电时如何进行绝缘问题的查找处理？如果机车两路都供不出电时，如何处理能使其恢复供电？

2. 当一辆硬卧车的空调机组一台冷凝风机电机烧损短路，造成在线绝缘检测仪动作断电时如何进行应急处理？

3. DC 600 V 车辆综合控制柜不能进行自动供电时如何进行故障的查找？

附件1

中华人民共和国铁道部运输局

运装客车〔2008〕374号

关于明确铁道车辆电力干线绝缘电阻值标准的通知

为确保旅客列车运行安全，运输局装备部委托四方车辆研究所，对采用DC 600 V、DC 600/AC 380 V、AC 380 V供电制式，且DC 600 V系统为中性点接地、AC 380 V系统为中性点接地的铁路客车电力干线间及其分别对地间的绝缘电阻值最低限度标准进行了统一，现明确如下，请各有关单位遵照执行。原各检修规程中铁路客车电力干线绝缘电阻值标准与本文不一致的以本文为准。

有关说明：

相对湿度60% ~85%时，按线性内插法计算最低限值。如：相对湿度为

70%，DC 600 V供电运用列车线间绝缘电阻要求应按下式计算：（70% - 60%）×（2 - 0.6）/（85% - 60%）+ 0.6 = 1.16 MΩ；即相对湿度为70%，DC 600 V供电运用列车线间绝缘电阻应不低于1.16 MΩ。

附件 2：

段（A2/A3）修、运用单车客车电力干线绝缘电阻值最低限度值

绝缘电阻单位：MΩ

注：当环境相对湿度值处在两个相临湿度之间时，最低绝缘值以相对湿度值对应的绝缘要求为准。如相对湿度位于 61% ~62% 之间时，按相对湿度为 61% 时的绝缘最低值标准进行卡控。

相对湿度值	段修(A2/A3)修、运用单车			
	DC 600 V 及 DC 600 V/AC 380 V 兼容供电(使用1 000 V兆欧表)		AC 380 V供电(使用500 V兆欧表)	
	线间	线地间	线间	线地间
≤60%	4.00	2.00	4.00	2.00
61%	3.88	1.94	3.88	1.94
62%	3.76	1.88	3.76	1.88
63%	3.64	1.82	3.64	1.82
64%	3.52	1.76	3.52	1.76
65%	3.40	1.70	3.40	1.70
66%	3.28	1.64	3.28	1.64
67%	3.16	1.58	3.16	1.58
68%	3.04	1.52	3.04	1.52
69%	2.92	1.46	2.92	1.46
70%	2.80	1.40	2.80	1.40
71%	2.68	1.34	2.68	1.34
72%	2.56	1.28	2.56	1.28

续上表

相对湿度值	段修(A2/A3)修、运用单车			
	DC 600 V 及 DC 600 V/AC 380 V 兼容供电(使用 1 000 V 兆欧表)		AC 380 V 供电(使用 500 V 兆欧表)	
	线间	线地间	线间	线地间
73%	2. 44	1. 22	2. 44	1. 22
74%	2. 32	1. 16	2. 32	1. 16
75%	2. 20	1. 10	2. 20	1. 10
76%	2. 08	1. 04	2. 08	1. 04
77%	1. 96	0. 98	1. 96	0. 98
78%	1. 84	0. 92	1. 84	0. 92
79%	1. 72	0. 86	1. 72	0. 86
80%	1. 60	0. 80	1. 60	0. 80
81%	1. 48	0. 74	1. 48	0. 74
82%	1. 36	0. 68	1. 36	0. 68
83%	1. 24	0. 62	1. 24	0. 62
84%	1. 12	0. 56	1. 12	0. 56
≥85%	1. 00	0. 50	1. 00	0. 50

附件3

段（A2/A3）修、运用单车客车电力干线绝缘电阻值最低限度值

绝缘电阻单位：MΩ

相对湿度值	运用列车			
	DC 600 V 及 DC 600 V/AC 380 V 兼容供电(使用 1 000 V 兆欧表)		AC 380 V 供电(使用 500 V 兆欧表)	
	线间	线地间	线间	线地间
≤60%	2. 0	1. 00	2. 00	1. 00
61%	1. 94	0. 97	1. 94	0. 97
62%	1. 89	0. 94	1. 87	0. 94
63%	1. 83	0. 92	1. 81	0. 91
64%	1. 78	0. 98	1. 74	0. 88
65%	1. 72	0. 86	1. 68	0. 84
66%	1. 66	0. 83	1. 61	0. 81
67%	1. 61	0. 80	1. 55	0. 78
68%	1. 55	0. 78	1. 48	0. 75
69%	1. 50	0. 75	1. 42	0. 72
70%	1. 44	0. 72	1. 35	0. 69
71%	1. 38	0. 69	1. 29	0. 66
72%	1. 33	0. 66	1. 22	0. 63

续上表

相对湿度值	运用列车			
	DC 600 V 及 DC 600 V/AC 380 V 兼容供电（使用 1 000 V 兆欧表）		AC 380 V 供电（使用 500 V 兆欧表）	
	线间	线地间	线间	线地间
73%	1. 27	0. 64	1. 16	0. 59
74%	1. 22	0. 61	1. 09	0. 56
75%	1. 16	0. 58	1. 03	0. 53
76%	1. 10	0. 55	0. 96	0. 55
77%	1. 05	0. 52	0. 90	0. 47
78%	0. 99	0. 50	0. 83	0. 44
79%	0. 94	0. 47	0. 77	0. 41
80%	0. 88	0. 44	0. 70	0. 38
81%	0. 82	0. 41	0. 64	0. 34
82%	0. 77	0. 38	0. 57	0. 31
83%	0. 71	0. 36	0. 51	0. 28
84%	0. 66	0. 33	0. 44	0. 25
≥85%	0. 60	0. 30	0. 38	0. 22

注：当环境相对湿度值处在两个相临湿度之间时，最低绝缘值以相对湿度值对应的绝缘要求为准。如相对湿度位于61% ~ 62% 之间时，按相对湿度为61% 时的绝缘最低值标准进行卡控。